lonely planet

DE CERCA

PALERMO

Remo Carulli

Sumario

Puesta a punto 4

Arriba: 'cassata' siciliana.
Abajo: vista de Palermo.

Explora Palermo ... 33

Guía práctica ... 171

★ Imprescindible

Merece la pena

El viaje empieza aquí

Hay que dejarlo claro: Palermo no es tan solo una ciudad bonita, llena de sitios de interés y testimonios históricos de gran esplendor. Palermo es una ciudad apabullante, capaz de desbaratar cualquier intento de definición y que vive en constante equilibrio entre la ruina y la regeneración, con magníficos vestigios arquitectónicos y una estimulación de los sentidos casi extenuante. Por eso, lo que distingue cualquier viaje a Palermo, más que la estética, es la intensidad de la experiencia.

Remo Carulli *www.remocarulli.it*
Remo Carulli es psicoterapeuta y profesor de psicología clínica en la universidad IUSTO de Turín. Es autor y coautor de varias guías Lonely Planet.

Taxi turístico con la catedral de Palermo al fondo (p. 116).

FROG DARES/SHUTTERSTOCK.COM ©

TOURIST SERVICE
TAXI

LO MEJOR

Comida callejera

Palermo es una de las capitales italianas de la comida callejera: la lista de delicias que se podrán probar durante el viaje es amplia y variada, con dulces y salados, recetas tradicionales e innovadoras.

Hay que probar las humeantes *stigghiole* (brochetas de intestinos de cordero) en el multicolor **Mercato di Ballarò.** (p. 38; foto)

En el sofisticado ambiente del **Molo Trapezoidale** esperan diversas opciones de comida callejera. (p. 98)

El mercado de la **Vucciria** ya no existe, pero los puestos donde probar *panelle* y otros deliciosos refrigerios aún atraen a los viajeros. (p. 94)

El *pani ca' meusa* (bocadillo de bazo) de **Nino u' Ballerino** es una auténtica institución en la ciudad. (p. 167)

El **Mercato del Capo** es ideal para tomar tentempiés deliciosos, desde *arancine* a zumo de naranja o granada a precios de risa. (p. 114; foto)

Cannoli, pasteles de almendra, *frutta martorana, cassata*... en la **Pasticceria Costa** se podrán probar las tradiciones palermitanas más dulces. (pp. 152 y 128)

Dcha.: mostrador de pastelería típica palermitana.

LO MEJOR

Bares y vida nocturna

Cuando cae la noche y el calor afloja, Palermo se transforma: los callejones del centro histórico se llenan de jóvenes, el ambiente se anima y el caos de los mercados se disipa y se transforma en seducción.

En el centro de Palermo tan solo hay un local donde tomar un cóctel y escuchar buena música con los pies en remojo: el **Nauto.** (p. 104)

El alma histórica y alcohólica de las noches de la Vucciria se concentra en la **Taverna Azzurra.** (p. 94; foto)

Para amantes de los vinos naturales que quieran explorar la enología autóctona, **Dal Barone** es un sitio de ensueño. (p. 59)

Por los alrededores de **Via Paternostro,** en Kalsa, hay montones de locales donde salir de fiesta. (p. 59; foto)

Por la noche, **Piazza Magione** es un sitio maravilloso para tomarse una cerveza y filosofar entre amigos. (p. 79)

Una velada escuchando *jazz* en el **Tatum Art** siempre es buena idea. (p. 55)

Dcha.: Mak Mixology (p. 110).

DE IZDA. A DCHA.: POLUDZIBER/SHUTTERSTOCK.COM ©, RADIOKAFKA/DREAMSTIME.COM ©, ANNALISA BRUNI/EDT ©

MAK
MIXOLOGY
VASAMI

LO MEJOR

Palacios históricos

En Palermo se verán montones de edificios opulentos de aspecto noble donde sumergirse en ambientes sofisticados, admirar impresionantes obras de arte y descubrir un elemento distintivo de la identidad de la ciudad.

En el **Palazzo Alliata di Villafranca** no solo se ven muebles de lujo y techos decorados con frescos; también hay obras de Van Dyck y Stomer. (p. 48; foto)

Además de por su espléndida visita, el **Palazzo Asmundo** destaca por sus vistas de la catedral. (p. 51)

El **Palazzo Chiaramonte Steri** es una de las visitas imprescindibles de la ciudad, donde se podrán ver desde recuerdos de la Inquisición al cuadro de la Vucciria de Guttuso. (p. 64)

Deslumbrante síntesis entre clasicismo y arte contemporáneo en el **Palazzo Butera.** (p. 66; foto)

El **Palazzo Abatellis** es la sede de la Galleria Regionale della Sicilia, además de un magnífico ejemplo de arquitectura gótica catalana. (p. 60)

Para los amantes de los muebles lujosos, los cortinajes elegantes y las decoraciones caprichosas, el **Palazzo Mirto** será todo un regalo. (p. 75)

Dcha.: Palazzo Conte Federico (p. 51).

LO MEJOR

Arte sacro

Para los amantes de este tipo de arte, Palermo cuenta con obras maestras fuera de serie, especialmente de época barroca, tanto en pintura como en escultura.

En **Casa Professa** se podrá admirar el barroco siciliano en su máximo esplendor. (p. 52; foto)

Infinidad de obras maestras en pintura y los impresionantes estucos de Serpotta en el **Oratorio del Rosario di Santa Cita** y en el **Oratorio del Rosario di San Domenico.** (p. 96)

La **Chiesa di San Domenico** es el panteón de la ciudad. Entre otros, aquí descansa el juez Falcone. (p. 102)

La **Chiesa di Santa Maria dello Spasimo** es un arrebato místico y su techo, el cielo. (p. 78; foto)

Incluso sin la célebre obra de Caravaggio que robaron de aquí, el **Oratorio di San Lorenzo** es un lugar fascinante. (p. 74)

Las salas del **Museo Diocesano** son un compendio de la historia del arte sacro de la ciudad. (p. 118)

Dcha.: Chiesa di San Domenico (p. 102).

LO MEJOR

Vestigios árabe-normandos

Si hubiera que señalar un único elemento por el que Palermo es una de las ciudades culturalmente más importantes de la historia de la humanidad, sin duda sería el increíble patrimonio de la época de los reyes normandos.

Admirar el arte bizantino en su máxima expresión y el ingenio de los artesanos árabes en la suntuosa **Cappella Palatina.** (p. 40)

El **Duomo di Monreale** cuenta con más de 6000 m² de relucientes mosaicos. (p. 168)

Con sus espectaculares decoraciones en mosaico, la **Martorana,** en pleno centro histórico, es una pequeña joya artística. (p. 72; foto)

El juego de volúmenes y las cupulitas de la **Chiesa di San Giovanni degli Eremiti** remiten a la relación cósmica entre el cielo y la tierra. (p. 50)

La **catedral** de Palermo seduce a primera vista; en su interior se hallan las tumbas de ilustres personajes de la dinastía normanda. (p. 116; foto)

Alejado del centro, el **Ponte dell'Ammiraglio** es un fragmento de la Edad Media. (p. 88)

Dcha.: claustro del Duomo di Monreale (p. 168).

LO MEJOR

Parques y jardines

Desde jardines repletos de especies tropicales a espacios verdes inspirados en el paraíso coránico, pasando por modelos anglosajones y las salvajes extensiones del monte Pellegrino, Palermo es una ciudad sorprendentemente atractiva para amantes de los paseos por la naturaleza.

Con cientos de especies de árboles, flores y plantas de todo tipo, en el **Orto Botanico** (jardín botánico) se podrá dar la vuelta al mundo. (p. 86)

Dominado por un ficus gigantesco, el **Giardino Garibaldi** se encuentra en centro de Piazza Marina. (p. 76)

Villa Giulia es el parque público más antiguo de Palermo, además de uno de los más agradables. (p. 86; foto)

A medio camino entre el exotismo y el buen gusto británicos, el **Giardino Inglese** alterna colinas, puentes y riachuelos. (p. 139)

El **Parco della Favorita** es el sitio preferido entre los palermitanos aficionados a salir a correr. (p. 150; foto)

En el **monte Pellegrino** hay senderos de montaña y recorridos espirituales tras las huellas de santa Rosalía. (p. 146)

Lo mejor para niños

Un espectáculo tradicional de marionetas en el **Teatro dei Figli d'Arte Cuticchio** hará, sin duda, las delicias de los pequeños. (p. 106)

El **MiniMUPA** cuenta la historia de Palermo desde la prehistoria hasta nuestros días con una mirada absolutamente dirigida a los niños. (p. 74)

Radici es un pequeño museo de naturaleza que ofrece una experiencia interactiva y multisensorial. (p. 105)

La arquitectura y los ambientes de la **Palazzina Cinese** son tan caprichosos que los viajeros más jóvenes se sentirán tan fascinados como los adultos. (p. 144)

Peces, animales y esqueletos: el **Museo di Zoologia Doderlein** es una gran solución para pasar una tarde. (p. 89)

En el **Parco della Salute** hay juegos e instalaciones deportivas, y se puede oír el mar. (p. 91)

Tantestorie es una pequeña librería dedicada a los más pequeños, para los que organiza lecturas y reuniones. (p. 153)

Lo mejor gratis

En **Danisinni** se encontrará una auténtica granja, con huertos y animales, escondida entre los edificios de la ciudad. (p. 163)

En la mayor parte de las iglesias de Palermo hay que pagar por entrar; sin embargo, la **catedral** es gratis. (p. 116)

En las calles de Palermo se ven numerosas obras de **arte callejero.** Es posible seguir un itinerario temático por Ballarò (p. 36) para admirar los homenajes a Falcone y Borsellino de Tvboy en Kalsa (p. 75) y en la Cala (p. 103), a cargo de la Associazione Nazionale dei Magistrati.

Si se quiere profundizar en la historia de la mafia, el **No Mafia Memorial** es el sitio ideal gracias a la gran riqueza documental que se expone. (p. 125)

El **Palazzo Comitini** es uno de los palacios nobiliarios más representativos del centro de Palermo. (p. 51)

Un paseo por el novísimo **Molo Trapezoidale** es ya una de las experiencias más buscadas por los viajeros. (p. 98)

Tres días perfectos

Palermo está repleta de estímulos y tesoros artísticos, pero en tres días es factible disfrutar de una muestra lo bastante satisfactoria como para saciar la curiosidad y tan apetitosa como para querer volver.

Quattro Canti (p. 44).

DE IZDA. A DCHA.: PIXELSHOP/SHUTTERSTOCK.COM ©, GIOVANNI RINALDI/SHUTTERSTOCK.COM ©, ANDREA PAROLA/DREAMSTIME.COM ©, LAPAS77/SHUTTERSTOCK.COM ©

PRIMER DÍA

Si solo se dispone de un día

MAÑANA

Desde **Quattro Canti** (p. 44), el corazón de la ciudad, se pone rumbo a **Piazza Pretoria** (p. 70; foto) para echar un vistazo a la fuente de la vergüenza. Después de tomar un café en **Casa Stagnitta** (p. 81), se visitan las iglesias de Piazza Bellini: la **Martorana** (p. 72), con sus relucientes mosaicos; **San Cataldo** (p. 72), con sus cúpulas; y el **Monastero di Santa Caterina** (p. 70), máxima expresión del barroco siciliano.

TARDE

Tras un almuerzo multiétnico en **Moltivolti** (p. 54) se va a uno de los sitios más emblemáticos de la ciudad: la **catedral** (p. 116) y el **Palazzo Reale** (p. 40), con la resplandeciente Cappella Palatina.

NOCHE

Un *aperitivo* en el bistró **Al Fresco** (p. 54) y la cena en **Angeliche** (p. 129) ponen el broche de oro a la jornada.

SEGUNDO DÍA

Un fin de semana

MAÑANA

Por la mañana, el **Mercato di Ballarò** (p. 38; foto) se pone sus mejores galas; después, se pone rumbo al verdor del **jardín botánico** (p. 86) pasando, si se quiere, por la increíble **Casa Professa** (p. 52).

TARDE

Después de comer bien en el **Molo Sant'Erasmo** (p. 91) se vuelve al centro histórico para visitar la **Chiesa di Santa Maria dello Spasimo** (p. 78), pasear por **Piazza Marina** (p. 76) e ir en busca de los inquietantes recuerdos de la Inquisición en el **Palazzo Chiaramonte Steri** (p. 64) y de las maravillas pictóricas del **Palazzo Abatellis** (p. 60).

NOCHE

A la hora del *aperitivo* en Kalsa el único problema será escoger. Se recomienda una copa en el **Botanico Bar** (p. 76), la cena en **Buatta** (p. 82) y un gran final en el **Nauto** (p. 104).

TERCER DÍA

Una escapada

MAÑANA

Después de una sobredosis de chocolate con la Setteveli de la **Pasticceria Cappello** (p. 167) se va en visita guiada a descubrir el arte callejero y la granja urbana de **Danisinni** (p. 163).

TARDE

El **Palazzo della Zisa** (p. 158; foto) enriquecerá el catálogo personal de edificios árabe-normandos ya visitados, mientras que al sumergirse en la oscuridad de las **Catacombe dei Cappuccini** (p. 160) se sentirá un escalofrío por la espalda. Al volver al centro se tendrá tiempo de admirar los estucos de Serpotta y las pinturas del **Oratorio del Rosario di Santa Cita** (p. 96) y del **Oratorio del Rosario di San Domenico** (p. 96).

NOCHE

Si se puede no hay que irse de Palermo sin asistir a un espectáculo en el lujoso **Teatro Massimo** (p. 120).

Con más tiempo

Monreale (p. 168), el Templo de Oro de Palermo, encandila con su esplendor: hay que dejarse sorprender por sus 6340 m² cubiertos de mosaicos y seguir la narración bíblica de estas imágenes, de gran impacto visual.

El novísimo **Molo Trapezoidale** (p. 98) ha renovado la relación de Palermo con el mar. Aquí se podrá disfrutar de un almuerzo delicioso a base de pescado y admirar una de las fuentes danzantes más grandes de Italia.

En Palermo, los amantes del arte sacro tendrán infinidad de oportunidades de maravillarse. En particular, la **Chiesa dell'Immacolata Concezione** (p. 126) es una reluciente muestra del barroco siciliano.

Con sus espacios amplios y ordenados, la zona que rodea **Politeama** (p. 134) muestra una Palermo muy distinta de la del centro histórico.

Entre los muchos parques de la ciudad, **Villa Trabia** (p. 138) destaca por su ambiente melancólico y evocador. Si se quiere ir de pícnic, hay que tenerlo en cuenta.

Altar de mármol, Chiesa dell'Immacolata Concezione (p. 126).

E55EVU/DREAMSTIME.COM ©

Una excursión

Para los palermitanos, **Mondello** (p. 154; foto) es la localidad de mar por antonomasia. Hay que decir que ofrece todos los ingredientes para un día de ocio maravilloso: una larga playa de arena clara, infinidad de locales y restaurantes e, incluso, algún que otro detalle *liberty* para quienes necesitan algo cultural.

En caso de decidir levantarse pronto, la visita a Mondello se puede combinar fácilmente con una excursión al **monte Pellegrino** (p. 146). Allí se podrá rendir homenaje a santa Rosalía, visitando su santuario, y recorrer alguna de las rutas cortas de senderismo que atraviesan las salvajes tierras de la montaña: gracias a las magníficas vistas del mar y la ciudad, Goethe lo definió en su *Viaje a Italia* como "el promontorio más bonito del mundo".

En un día de lluvia

Cuando fuera amenaza tormenta, la mejor solución es ir de visita a la **GAM (Galleria d'Arte Moderna)** (p. 73). Las colecciones, que abarcan los ss. XIX-XX, son muy amplias e incluyen obras de un nivel extraordinario y numerosas reproducciones de paisajes soleados, que con la lluvia no se habrán podido ver en directo.

Se recomienda, también, visitar el **Museo Riso** (p. 124; foto) o el **Palazzo Butera** (p. 66), en ambos se ofrece un recorrido de exposiciones dedicadas al arte contemporáneo de gran valor, sumado al marco de los espléndidos edificios del centro histórico.

Aunque queda algo alejada del centro, la pinacoteca de **Villa Zito** (p. 149) regala horas de placer.

Prepararse

ANTES DE PARTIR

Dos meses antes
Escoger alojamiento si se quiere reservar en los sitios más populares, así como en posibles restaurantes con estrella Michelin.

Un mes antes
Encontrar entradas para conciertos, festivales y acontecimientos es más factible si se programa con tiempo.

Una semana antes
Si se reserva con varios días de antelación se podrá visitar el Palazzo Reale en el horario que más convenga.

Alojamiento

Si el alojamiento está en zona ZTL y se llega en coche, hay que acordarse de solicitar el pase temporal al hotel al hacer la reserva (p. 29).

Programarse

Antes de viajar se recomienda visitar **Balarm** *(balarm.it)* que, además de ofrecer artículos sobre curiosidades culturales y gastronómicas de Palermo y el resto de Sicilia, cuenta con una sección específica dedicada a los acontecimientos de toda la isla donde se puede seleccionar la ciudad que interese más. La web de **Amici dei Musei Siciliani** *(amicimusei siciliani.it/amicideimusei)* también ofrece un resumen de actividades y entretenimiento en Palermo, centrado en exposiciones y aperturas extraordinarias de los museos. La cooperativa **Terradamare** *(terradamare.org)* organiza visitas guiadas que pueden reservarse en línea; merece la pena echar un vistazo a sus propuestas que, de vez en cuando, incluyen la visita a lugares normalmente cerrados al público.

Cajeros automáticos

En el centro hay muy pocos cajeros automáticos (hay que buscarlos en las calles principales, como Via Roma), pero en la zona de Politeama y Libertà se encontrarán muchos más.

Efectivo

Aunque se puede pagar con tarjeta en casi todas partes, para hacer compras en mercados, en puestos de comida callejera o para pagar comidas en las *trattorie* será mucho más práctico llevar efectivo.

Baños públicos

En la ciudad apenas hay, a menos que se visiten museos y sitios de interés. La mayor parte de los viajeros usa los servicios de bares y cafeterías, aunque entonces hay que pagar una consumición.

NÚMEROS ÚTILES

En la web de **Palermo Welcome** *(turismo.comune.palermo.it)* se encontrará un listado detallado de números útiles, específicos de Palermo o de Italia en general. Está en el apartado Organizza il tuo viaggio > Informazioni e utilità.

PRESUPUESTO DIARIO

Económico Menos de 60 €

- Albergues y B&B: **desde 25 €**
- Comida callejera: **5-10 €** para comer en abundancia
- Iglesias: algunas son **gratis,** en otras se paga **desde 1,50 €**

Medio Entre 60-140 €

- B&B y hoteles de precio medio: **desde 60 €**
- *Trattorie* y restaurantes: **25-40 €**
- Dos o tres museos o palacios al día: **20-30 €**

Alto Más de 140 €

- Hoteles de precio alto: **desde 120 €**
- Restaurantes de lujo: **40-60 €**

INFORMACIÓN TURÍSTICA

Escanea este código QR para ver todos los centros de información turística (C.I.T.).

CRISTIAN STORTO/SHUTTERSTOCK.COM ©

PASEO EN 'APE'

Un paseo de 1 h en *ape* no es, precisamente, económico (80 €, mínimo tres personas), pero si se tiene poco tiempo, puede ser una manera eficaz de recorrer el centro histórico.

Cuándo ir

Palermo es un destino ideal para cualquier época del año, aunque la mayoría de los visitantes llega de abril a septiembre.

A principios de primavera o a finales de otoño, cuando el clima en otros lugares es desapacible, la ciudad es capaz de seducir gracias al buen tiempo y a su falta de aglomeraciones. En verano hace muchísimo calor, aunque hay muchísimas actividades, mientras que en invierno, los precios más bajos y la posibilidad de explorarlo todo con más calma compensan el no poder ir a la playa.

Grandes eventos

Abril-junio En primavera se celebran actividades muy interesantes: **Mediterraneo Antirazzista** es un evento de carácter deportivo con la mirada puesta en la interculturalidad. La **Settimana delle Culture** es una serie de espectáculos teatrales, exposiciones fotográficas, conciertos, talleres, exposiciones y paseos culturales. La **Macchina dei Sogni** (que, según el año, puede celebrarse en otros momentos) se dedica al teatro de títeres y a la narración, y está dirigida por el titiritero Mimmo Cuticchio. También atraen a muchos visitantes **Una Marina di Libri,** la feria de editoriales independientes y el **Sicilia Queer Filmfest,** de carácter internacional.

Julio-agosto Entre las numerosas actividades estivales destaca **Palermo Classica,** con conciertos en los claustros de la GAM (p. 73) y del Palazzo Chiaramonte Steri (p. 64).

Octubre-noviembre Visitar Palermo cuando se celebra **Le Vie dei Tesori** puede ser una idea excelente. Durante este evento, se pueden visitar muchos sitios que normalmente están cerrados al público.

Celebraciones religiosas

Julio El 15 de julio de 1624 se hallaron las reliquias de santa Rosalía y, un año después, Palermo se libró de la peste. Todos los años, la noche del 14, el carro con la Santuzza recorre Via Vittorio Emanuele; en

LOS SEPULCROS

Las iglesias de la ciudad permanecen abiertas durante la madrugada del Jueves al Viernes Santo para que se puedan visitar *i sepolcri*. Se trata de altares con flores, velas y pequeños recipientes con semillas germinadas llamadas *lavureddi*, que evocan la resurrección. Las semillas se siembran unas semanas antes en casa y se mantienen en la oscuridad para luego decorarlas con colores y cintas, convirtiéndose en ofrendas populares.

Santa Rosalía.

el centro histórico se representa un espectáculo alegórico con varias etapas y se lanzan fuegos artificiales. El día 15, la urna con los restos de la santa se lleva a hombros desde la catedral hasta Piazza Marina. El **Festino di Santa Rosalia** es la fiesta más esperada del año por los palermitanos.

Septiembre Las celebraciones en honor de la patrona de Palermo tienen una segunda ronda: la **Festa liturgica di Santa Rosalia.** La noche del 3 al 4 de septiembre, aniversario de la muerte de la santa, se sube en procesión hasta el santuario a ella dedicado en lo alto del monte Pellegrino. Hay tres pasos obligatorios: el ascenso por las empinadas curvas en zigzag (duro, aunque el refrigerio nocturno ayuda), la parada en la gruta y la participación en las ceremonias religiosas. Durante esos días, grupos de música tocan por las calles del centro histórico.

Cómo llegar

Palermo está bien comunicada por vuelos directos con muchas localidades de la península Itálica, por lo que el avión es el medio más cómodo para llegar. El aeropuerto Falcone-Borsellino está en Punta Raisi, 35 km al noroeste de la ciudad por la A9.

Del aeropuerto a la ciudad

Autobús

El autobús de **Prestia e Comandè** es la forma más cómoda y económica para trasladarse entre el aeropuerto y la ciudad. Hay servicios frecuentes (cada 30 min; 5.05-1.05), el trayecto dura 35-50 min y hay paradas en Politeama, Piazza San Domenico y la estación de Palermo Centrale. Los billetes se compran en línea, en el punto de información del vestíbulo del aeropuerto, en puntos de venta o en el propio autobús (6/10 € ida/ida y vuelta, 6,50/11 € en el autobús).

Taxi y taxi compartido

Hay una parada de taxis delante de la zona de llegadas. La tarifa a/desde el centro varía entre 39 y 50 €. El servicio de taxi compartido de **RadioTaxi Trinacria** cuesta 10 € por persona, con un mínimo de cuatro pasajeros.

Tren

De 5.18 a 0.25 hay 1-2 trenes cada hora desde la estación de Palermo a la Stazione Centrale (6,80/3,50 € adultos).

En barco

Puerto de Palermo

Varias compañías navieras, como **Grandi Navi Veloci** (desde Génova, Civitavecchia y Nápoles), **Grimaldi Lines** (desde Livorno, Nápoles, Cagliari y Salerno), **Tirrenia** (desde Nápoles) y **Liberty Lines/Siremar** (desde Ustica) viajan a Palermo y permiten, también, embarcar el coche. Desde Barcelona, ambas compañías tienen ferris a Civitavecchia. **Radical Storage** *(radicalstorage.com)* cuenta con varias consignas de equipaje, por ejemplo, en la estación de tren, Politeama o Mondello.

En tren

La estación Palermo Centrale se encuentra en el extremo sur de Via Roma, en Piazza Giulio Cesare. Hay buenas conexiones con Cefalú, Mesina y Agrigento.

Cómo desplazarse

Aunque Palermo es una ciudad de buen tamaño, la mayoría de los sitios de interés está en el centro. Para visitar lugares periféricos se puede usar el transporte público.

A pie

Los barrios históricos son un laberinto de callejuelas que hay que explorar a pie. Está todo lleno de sitios de interés, pero las dimensiones son manejables. Por ejemplo, desde Villa Giulia, en el extremo suroeste del centro histórico, más allá de las puertas de Kalsa, hasta el extremo opuesto, el Tribunal de Palermo, se tarda unos 30 min andando. Teniendo en cuenta lo bonita que es la zona, se recomienda moverse a pie, sobre todo si no llueve y cuando el clima es suave.

'Navette' (lanzadera)

En la ciudad hay dos servicios de lanzadera gratuitos, concebidos para limitar el uso del coche en la ZTL: la **Navetta Free Centro Storico (línea naranja)** es muy útil, a pesar de que no se suele cumplir la frecuencia de paso cada 14 min y los autobuses suelen ir con retraso. Desde Porta Felice hace un recorrido circular que atraviesa Kalsa, bordea Albergheria por el sur y llega al Palazzo Reale y a Piazza Indipendenza; desde allí sigue hacia la catedral y el Capo hasta el Teatro Massimo y luego vuelve al punto de partida por Via Cavour y la Cala. La **Navetta Free Express,** que va desde el aparcamiento Basile, parada final de muchos buses interurbanos, y Piazza Indipenden-

HELGE LINDAU/SHUTTERSTOCK.COM ©

PATINETES ELÉCTRICOS

Para moverse por las calles de Palermo de manera sostenible, hay que descargar la aplicación para alquilar uno de los patinetes eléctricos de Bit Mobility.

za, había suspendido el servicio cuando se escribió esta guía y llevaba así bastante tiempo.

Autobús

Los palermitanos se refieren a la línea **nº 101** como el "autobús de los turistas". En efecto, es la más útil para visitar los principales sitios de interés porque atraviesa el centro de norte a sur y, además, circula con mucha frecuencia. En verano, la línea **nº 806** también se llena de turistas y palermitanos porque comunica Politeama con Mondello.

Tranvía

Hay cuatro líneas de tranvía que circulan, aproximadamente, de 6.00 a 21.00 y no resultan muy útiles a menos que se esté alojado en zonas de la periferia. Son: **nº 1** Roccella-Stazione Centrale; la **nº 2** Borgo Nuovo-Stazione Notarbartolo; la **nº 3** CEP-Stazione Notarbartolo; y la **nº 4** Circolare Notarbartolo-Calatafimi-Notarbartolo.

Bicicleta

La ciudad vieja tiene muchas zonas peatonales que permiten pedalear lejos de los coches. Sin embargo, hay que tener en cuenta que los callejones adoquinados, las subidas y bajadas, los mercados y la gente en movimiento constante durante todas las horas del día obligan a prestar muchísima atención.

Saliendo del centro, desde Via Maqueda se puede pedalear por carriles-bici hacia el norte por Via della Libertà hacia Villa Trabia y el Giardino Inglese. Otro recorrido que puede hacerse casi entero por carril-bici es el tramo del paseo marítimo que va desde la Cala hacia el sur, hasta el Giardino Panoramico Sperone (se recorre el Foro Italico y Via Messina Marine, con un trecho sin carril-bici a la altura del río Oreto). Además, es muy agradable pedalear desde la Favorita a Mondello y, para los más deportistas, subir al monte Pellegrino.

Se pueden alquilar bicicletas en muchos hoteles, en empresas especializadas como **Sicicla, Seecily** o **Social Bike,** que también organizan circuitos temáticos, o usando el servicio de bicicletas compartidas de **BiciPa.**

Información práctica

Billetes

Los **billetes** se compran en quioscos, estancos y puntos de venta autorizados que cuentan con el adhesivo correspondiente. Cuestan 1,40 € y son válidos durante 90 min. En teoría (y a menudo también en la práctica) se pueden comprar dentro del autobús pagando 1,80 € en efectivo (importe exacto). Sin embargo, el conductor podría quedarse sin billetes, por lo que se recomienda comprarlo antes, sobre todo en autobuses de rutas poco frecuentadas, como la línea nº 389 que va a Monreale.

Abono de un día

Si se va a usar mucho el transporte público, merece la pena comprar abonos de un día (3,50 €). También existen los **abonos de varios días,** válidos para 2/3/7 días (6/8/16,50 €).

Automóvil y motocicleta

Todo el centro histórico, es decir, la zona que hay entre Porta Nuova y Porta Felice, Piazza Giulio Cesare y Via Cavour, es ZTL. Para acceder a ella se debe comprar un pase diario que cuesta 5 € para coches de gasolina y diésel, 2,50 € para coches híbridos a metano o GLP, y es gratis para vehículos eléctricos o destinados al transporte de personas con discapacidad.

PRECIOS

Automóvil compartido
Registro en el servicio 25 €; 0,90-3,60 €/h más 0,54-0,84 €/km

Autobús Citysightseeing
adultos/niños 20/10 €

Billete de autobús
1,40/1,80 € fuera/en el autobús

PASE TEMPORAL

Los hoteles pueden solicitar un pase temporal que permite a sus clientes entrar una sola vez en la ZTL para llegar hasta el alojamiento. Hay que pedir la información en el momento de hacer la reserva.

Otra cara de Palermo

Una visita a Palermo, además de mostrar el esplendor de sus sitios más famosos, puede deparar sorpresas maravillosas.

Un zumo en el mercado

Al pasear por los dos mercados del centro histórico, el **Mercato di Ballarò** (p. 38) y el **Mercato del Capo** (p. 114), se verán muchos puestos de zumo de naranja; un vaso cuesta solo 1 €. También los hay de zumo de granada (desde 2 €), menos frecuentes pero también abundantes.

Conocer a miembros de la nobleza

Al visitar alguno de los muchos palacios nobiliarios palermitanos se puede vivir la curiosa experiencia de conocer a algún miembro de la aristocracia. De hecho, en muchos casos las familias han mantenido la propiedad de los edificios durante siglos. Por ejemplo, la visita al **Palazzo Conte Federico** (p. 51), en el barrio de Albergheria, está guiada por el heredero de esta ilustre familia. De manera similar, la princesa Signoretta Alliata aparece con frecuencia durante las visitas al **Palazzo Alliata di Pietratagliata** (p. 107).

Artistas poco conocidos

Durante los ss. XVII y XVIII, frecuentaban Palermo pintores de fama mundial, como Caravaggio o Van Dyck. Sin embargo, al curiosear por las iglesias y museos se descubrirá la maestría de algunos pintores menos conocidos para el gran público, pero dignos de la mayor admiración, como Pietro Novelli, Pietro D'Asaro, Vito D'Anna, Olivio Sozzi o Guglielmo Borremans.

Las curiosas cupulitas rosas

Se alzan sobre los techos de la Chiesa di San Giovanni degli Eremiti y de la Chiesa di San Cataldo y son uno de los símbolos de la ciudad, que identifican su pasado árabe. Sin embargo, aunque la forma es, sin duda, un rasgo inequívoco de la arquitectura islámica, según los estudios más recientes el color no lo es y podría deberse a un intento de restauración. En el s. XIX, el arquitecto Giuseppe Patricolo pintó de rojo las cúpulas que, al parecer, eran en origen grises o estaban protegidas por una capa de cal, arena y fragmentos de cerámica.

La Palermo de la 'belle époque'

Las villas de principios de s. XX han desaparecido, pero si se pasea por Via della Libertà, que conserva su elegancia, se podrá fantasear con la Palermo de la *belle époque* En Mondello aún se pueden encontrar algunas villas refinadas de estilo *liberty*.

TIKEC/SHUTTERSTOCK.COM ©

Cúpulas de la Chiesa di San Giovanni degli Eremiti (p. 50).

ANDREAS ZERNDL/SHUTTERSTOCK.COM ©

Chalé 'liberty' en Mondello (p. 154).

Explora Palermo

Merece la pena

Circuitos a pie

Quattro Canti (p. 44) y Piazza Pretoria (p. 70) al fondo.

SEAN PAVONE/DREAMSTIME.COM ©

Sugerencias de lugares para comer, beber y comprar en **p. 54**

Explora Albergheria

En este *canto* (barrio histórico) conviven, en unos pocos cientos de metros las máximas representaciones de la realeza árabe-normanda y el ambiente de un zoco contemporáneo, los excesos inverosímiles del barroco y las nostálgicas huellas arquitectónicas de la nobleza siciliana. Y luego está el bullicio constante, el frenético ir y venir de los ciclomotores, las escenas cotidianas de personas de todas las etnias imaginables, desde peluqueras africanas que hacen trenzas hasta vecinas que se cuentan la vida de balcón a balcón. Por todas estas razones, perderse por los callejones de Albergheria es una experiencia abrumadora que sobrecarga de estímulos los sentidos.

Cómo desplazarse

A pie

Si se está alojado en el centro se podrá visitar el barrio a pie sin mayor problema.

Autobús

En Piazza Indipendenza paran varias líneas (nº 104, 108, 109, 110, 118) que comunican el centro con la periferia, y también la línea nº 389 que va a Monreale.

'Navetta'

Aunque no es siempre puntual, la lanzadera gratuita Navetta Free Centro Storico, que para cada 30 min aprox. en Piazza Indipendenza, detrás del Palazzo Reale, permite llegar a muchos sitios de interés.

Callejón y cúpula de Casa Professa (p. 52).
TRABANTOS/SHUTTERSTOCK.COM ©

★

LO MEJOR

PALAZZO REALE
Apoteosis de la arquitectura árabe-normanda de Sicilia (p. 40)

MERCATO DI BALLARÒ
Una experiencia sensorial vertiginosa (p. 38)

QUATTRO CANTI
Uno de los símbolos más reconocibles de la ciudad (p. 44)

CIRCUITO A PIE

Los murales de Ballarò

El sensacional exceso cromático de Ballarò no termina en los puestos repletos de mercancías, fruta y verdura. Paseando por las callecitas de los alrededores del mercado se puede seguir un recorrido multicolor para descubrir las principales obras de arte urbano del barrio, entre terrenos baldíos y esquinas melancólicamente decadentes.

INICIO	FINAL	DURACIÓN
Via Ballarò	Piazza Santa Chiara	2 km; 30 min

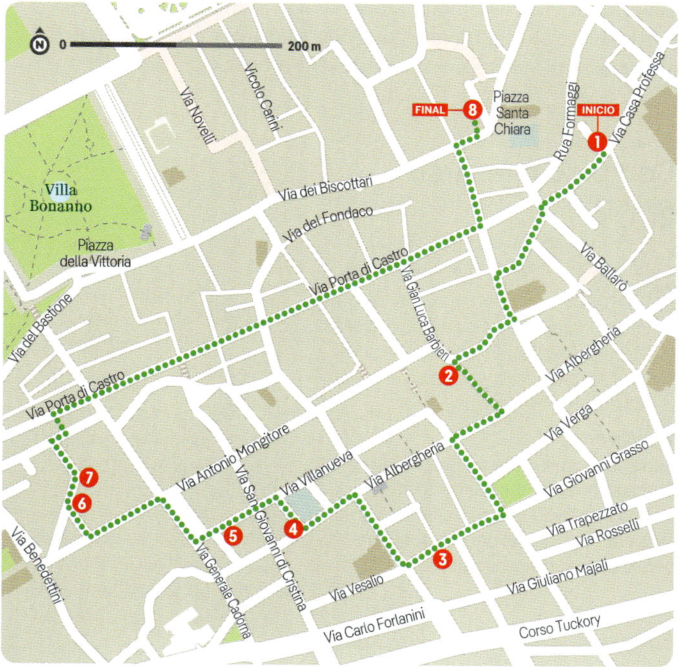

1 Mural 'Ballarò è magia'
Perfecta introducción al encanto embriagador que caracteriza al barrio. Mientras se observa el mural, la nariz se verá invadida por el olor a fritura de las *panelle* en el cruce con Via Ballarò.

2 Mural de Franco Franchi
El cómico ha sido homenajeado por sus conciudadanos con un bonito *stencil,* que lo representa con su típica expresión de lunático.

3 Mural de Franco Scaldati
Este intenso retrato del gran actor y director de teatro brinda la oportunidad de atravesar una típica plazoleta del barrio, con ese toque de desolación que no diluye su belleza. Enfrente se encuentra la barroca Chiesa di San Francesco Saverio.

4 Mural de San Benito el Negro
En Palermo, la diversidad es un valor reconocido incluso en la santidad: la veneradísima Rosalía comparte patronazgo con Benito el Negro, nacido en una familia de esclavos y primer santo negro de la Iglesia católica. En la parte de atrás del Ospedale dei Bambini, un mural de Igor Scalisi Palminteri lo representa con deportivas en los pies, como los chavales que juegan al fútbol en el descuidado campo de abajo.

5 Mural 'Fides'
Un colibrí que levanta una enorme roca sobre un brillante fondo azul: la obra de Andrea Buglisi desprende una carga simbólica que se presta a infinidad de interpretaciones. Lo que es seguro es que se puede considerar un auspicio para el futuro de Ballarò.

6 Mural 'Con Passione'
A dos pasos del Palazzo Reale, pero en una zona de alma y arquitectura claramente populares, Igor Scalisi Palminteri se enfrentó en el 2023 al tema de la depresión, homenajeando a una mujer que fue víctima de ella.

7 Mural de Santa Rosalía
Al visitar los museos de Palermo se podrán admirar montones de representaciones de la Santuzza. Sin embargo, ninguna tiene un aspecto tan realista y un encanto tan contemporáneo como esta, de Igor Scalisi Palminteri.

8 Mural de Santa Clara
Mientras se recorre Via Porta di Castro hay que echar un vistazo a las puertas de las casas o a los balcones para captar pequeños fragmentos de vida cotidiana, que en ninguna otra ciudad resultan tan accesibles. Tras admirar el mural de la santa hay que girarse hacia el lado opuesto para apreciar, en la placita peatonal, el Faro di Ballarò, una de las antiguas torres de aguas que se usaron durante siglos en la ciudad.

★ IMPRESCINDIBLE

Mercato di Ballarò

No hay término medio: o se ama con locura o se odia irremediablemente. Sin embargo, tras visitar el mercado más antiguo de la ciudad, hoy frecuentado sobre todo por turistas, se estará de acuerdo en que, para comprender Palermo y sus contradicciones, es imprescindible pasar por él.

PLANO: P. 46 **F4**

PRECAUCIÓN
Conviene señalar que, en los últimos tiempos, la zona de Ballarò se ha convertido en un lugar de tráfico y consumo de drogas, por lo que es posible presenciar escenas desagradables. Sin embargo, si se presta atención, los riesgos para visitantes, al menos durante el día, son casi nulos.

Etimología e historia

Las diferentes teorías sobre el origen del nombre del mercado introducen en un mundo de sonidos y aromas procedentes de tierras lejanas: según algunos, Ballarò derivaría de Bahlara, un pueblo cercano a Monreale de donde procedían las mercancías; según otros, de Ag-Vallaraja (título atribuido a los soberanos del Sind), por la abundancia de especias indias que se vendían aquí. En cualquier caso, ya en el s. x algunos viajeros árabes escribían sobre este lugar repleto de gente y alimentos de todo tipo.

Ambiente peculiar

El hecho de que Ballarò sea hoy un mercado que vive, principalmente, del turismo, no significa que haya perdido sus rasgos característicos: el ritmo cantarín de las *abbanniate* (los gritos de los vendedores) mantiene su poder barítono e hipnótico de siempre. Todos los elementos más auténticos de Palermo se combinan para formar un mosaico multisensorial, compuesto por nubes de humo de las *stigghiole* (brochetas de vísceras de cordero a la brasa), los olores picantes de las especias, la fruta madura y el sudor, los ciclomotores que avanzan entre los puestos desafiando las leyes de la física, una gama de colores que agota todas las variantes cromáticas, edificios en ruinas y maravi-

ERIC ISSELEE/SHUTTERSTOCK.COM ©

llas barrocas. Y aunque en muchos puestos es más fácil encontrar crema de pistacho que productos de primera necesidad y la comida callejera (desde *pani ca' meusa* a *arancine*) es cada vez más protagonista, lo cierto es que en Ballarò no hay puestos de baratijas e imanes para neveras.

Chiesa del Carmine Maggiore

Para llegar a su entrada hay que abrirse paso con decisión, ya que se encuentra en la plaza central del mercado. Y no cabe duda de que no es el lugar ideal para recogerse, dado que, incluso en el interior, se oyen los gritos de la multitud que se agolpa fuera. Sin embargo, la iglesia merece una visita porque alberga obras de grandes maestros del arte palermitano de los ss. XVI-XVIII como Novelli, Gagini y Serpotta.

COTTO E BOLLITO

Entre los restaurantes de Ballarò, merece mención especial por la simpatía del propietario y los platos típicos.

★ IMPRESCINDIBLE

Palazzo Reale

El poder, la fe, el arte y el mito. Desde el s. IX, época en la que los árabes fundaron el primer núcleo de una fortaleza en el punto más alto de la ciudad, no ha habido dinastía, linaje o gobierno que no haya elegido este lugar como símbolo y sede de su hegemonía sobre Palermo. De igual forma, no ha habido viajero que no haya quedado boquiabierto ante sus inconmensurables tesoros.

PLANO: P. 46 **B4**

RESERVA
En épocas de mayor afluencia de público resulta útil reservar la entrada en la web *www.federicosecondo.org*. Como alternativa, es posible presentarse a la hora de apertura (8.30); se debería poder entrar sin hacer mucha cola.

Más de mil años de historia

Si el Palazzo Reale es conocido en el mundo entero es gracias a los normandos que, a partir del s. XI, tras conquistar la ciudad, ampliaron la residencia árabe y construyeron la resplandeciente Capella Palatina. Les sucedieron los suevos, que construyeron los patios interiores; los aragoneses y los virreyes españoles; luego los Borbones y, finalmente, desde 1947, la Asamblea Regional de Sicilia. Durante la visita se podrán apreciar las peculiaridades de cada época histórica.

Capella Palatina

La auténtica maravilla del palacio. Fue encargada por Roger II en 1132 y es, a la vez, uno de los testimonios artísticos más magníficos de la historia siciliana, un símbolo de integración de culturas y la expresión de un mensaje teológico vasto y articulado. Tras el impacto inicial por el resplandor de los mosaicos se podrá ir apreciando la fusión entre la estructura de planta latina de tres naves, las influencias moriscas de los arcos apuntados y el rico techo de madera con mocárabes (bóveda en forma de panal) y la decoración de origen bizantina. Habrá que intentar interpretar las

ELESI/SHUTTERSTOCK.COM ©

diferentes escenas representadas en los mosaicos, que muestran un programa iconográfico articulado y de extraordinaria fuerza expresiva (aunque algunas restauraciones posteriores, como la Virgen del ábside, estropean la armonía del conjunto). El tema recurrente es la figura del Cristo Pantocrátor, representado en la contrafachada entre Pedro y Pablo, en la cúpula entre los arcángeles y en el ábside, con un libro en la mano donde aparece un pasaje del Evangelio de Juan (8,12) en griego (página izquierda) y en latín (página derecha). Se continúa ahondando en la Biblia en la nave central con los episodios del Antiguo Testamento, desde la creación del mundo hasta el arca de Noé; en las paredes laterales, con las historias de san Pedro y san Pablo; y en la pared derecha del presbiterio, donde se representan escenas de la vida de Jesús.

UNA PAUSA
En los jardines hay una agradable cafetería donde tomar algo fresco entre plantas tropicales.

OBSERVATORIO ASTRONÓMICO
Dado que el recorrido por el interior del palacio es de una belleza estelar, la relación del edificio con la astronomía no se limita a los artificios de la retórica. En la parte superior se encuentra el observatorio astronómico de la ciudad, uno de los más antiguos de Italia. En su interior también se puede visitar un interesante museo. Más información en la web *www.astropa.inaf.it*.

Cierran la desbordante composición de mosaicos los santos y profetas de los intradoses de los arcos, mientras que aún se pueden admirar las hipnóticas geometrías de los suelos y del ambón del s. XII, además de los refinamientos románicos del candelabro. Por último, en el exterior de la capilla hay que fijarse en la inscripción escrita en tres idiomas (latín, griego y árabe), ejemplo del nivel de integración cultural alcanzado en Sicilia durante el periodo normando.

Apartamentos reales

Aunque no alcanzan el rango de obra maestra absoluta como la Capella Palatina, los apartamentos reales, situados en la 2ª planta, también impresionan. Bajo la mirada pensativa de Arquímedes, cuya estatua antecede a la entrada, se accede a la Sala de'Ercole (Hércules), donde se reúne el Consejo Regional de Sicilia (la planta está cerrada al público de martes a jueves), llamada así por las pinturas del s. XIX de Giuseppe Velasco sobre las proezas del héroe griego. A partir de ahí se suceden una serie de opulentos salones, adornados con pomposas lámparas de arañas y decoraciones caprichosas. Desde el punto de vista histórico destacan la Sala di Ruggero (s. XII), decorada con mosaicos que representan un paraíso terrenal imaginario, con escenas de caza, pavos reales, palmeras, leones y jaguares, y la Sala dei Venti, en la torre medieval, con un espléndido techo de madera del s. XVIII.

Sale Duca di Montalto y jardines

En la planta baja, cerca de la escalinata de honor, las Sale Duca di Montalto acogen las prestigiosas exposiciones temporales que se organizan periódicamente en el palacio. En los espacios inferiores hay un recorrido arqueológico con objetos que datan de la época púnica y restos de la primera muralla de la ciudad. Los jardines, en cambio, no tienen nada de especial en comparación con otros de la ciudad, si bien es cierto que en los tórridos

DUDLAJZOV/DREAMSTIME.COM ©

días de verano siempre se agradece su refrescante sombra. Además, pasear entre las plantas tropicales aumenta la sensación de exotismo que despiertan las decoraciones árabe-normandas.

Meta Experience

Este espacio, el último al que se puede acceder del palacio, permite experimentar el impacto de la innovación tecnológica en la conservación del patrimonio artístico, por naturaleza frágil y expuesto al deterioro. Por un lado, la digitalización permite admirar las obras en todo detalle, pero también desde perspectivas inéditas; por otro, sigue siendo una herramienta limitada, incapaz de replicar la compleja relación entre la obra de arte y su entorno.

ENTRADAS SEPARADAS
El recorrido Meta Experience no se incluye en la entrada general, se paga aparte (3 €).

★ IMPRESCINDIBLE

Quattro Canti

Su nombre real es Piazza Villena (o Vigliena) y en el pasado fue rebautizada como "Teatro del Sole" por su arquitectura teatral y porque a cualquier hora del día, al menos un lado queda expuesto a la luz. Este elegante cruce es el centro del centro, la plaza que separa los cuatro barrios históricos y armoniza su encuentro y uno de los lugares más emblemáticos de Palermo.

PLANO: P. 46 **F1**

ORIENTARSE
Las dos calles que se cruzan en la plaza delimitan los confines de cada uno de los cuatro *canti* históricos. Los monumentos y actividades de Via Vittorio Emanuele y de Via Maqueda se recogen en el capítulo correspondiente al barrio al que pertenecen.

Un lugar de paso continuo

Durante la visita se cruzará tantas veces que su presencia será apenas perceptible, absolutamente familiar y reconfortante. Sin embargo, la primera vez impresiona su solemne aspecto.

Historia

Corre el s. XVI, los virreyes españoles se han instalado en Palermo y ha llegado el momento de convertir la ciudad en una capital señorial. El siguiente proyecto tras la prolongación hasta el mar de Càssaro (actual Via Vittorio Emanuele) no podía ser otro que la creación de una vía perpendicular donde construir los palacios de los nobles para conferir una elegancia simétrica a la planificación urbanística de la zona. Se llamará Via Maqueda, en honor al virrey duque de Maqueda. El antiguo trazado medieval, que había heredado de época árabe un laberinto de callejuelas y callejones, quedó separado justo en el centro por una cruz, símbolo cristiano de una Palermo que, mediante el rigor de la geometría, quería imponer sus valores. Y así, en ese cruce nació una plaza, de gran belleza e insignia de las ambiciones renovadas.

La arquitectura y la simbología

Las obras dieron comienzo en 1608 por iniciativa del virrey marqués de Villena y finalizaron en

DIGITALSIGNAL/DREAMSTIME.COM ©

1620. Hoy, como entonces, Quattro Canti seducen por la alternancia entre saturación (cuatro fachadas cóncavas llenas de estatuas, escudos de armas y columnas) y vacío (las dos calles rectilíneas que se extienden hasta el horizonte). Cada fachada, que remite a un barrio, cuenta con tres órdenes decorativos: en el primero, una fuente que representa una estación; en el segundo, la estatua de un soberano; en el tercero, una santa (una de las cuatro patronas de Palermo antes de que Rosalía las destronase a todas). A continuación se detalla a qué corresponde cada fachada: al sur, Albergheria, primavera, Carlos V y santa Cristina; al oeste el Capo, verano, Felipe II, santa Ninfa; al norte Loggia (Vucciria), otoño, Felipe IV, santa Oliva; al este Kalsa, invierno, Felipe III, santa Ágata.

ENO
A 100 m de Quattro Canti; es una enoteca moderna y casera a la vez, ideal para tomar una copa de vino (o dos) y una generosa tabla de embutidos y quesos.

A
B
C
D
1
2
3
4
5
6
Via Papireto
Via Cappuccinelle
Via Matteo Bonello
Via Carrettieri
Piazza Beati Paoli
Via Judica
Via
Via Gioiamia
Via del Celso
Via Collegio Giusino
Via
Corso Alberto Amedeo
Piazza Domenico Peranni
Piazza Papireto
Via Gioeni
Piazza Sett'Angeli
Via Vittorio Emanuele
Via dei Protonotaro
4 MEC Museum
32
Palazzo Asmundo 10
31
Vicolo Carini
Via Novelli
Piccolo Teatro dei Biscottari 21
22
Via dei Biscottari
5 Villa Bonanno
Porta Nuova 6
Piazza Luigi La Porta
Via Vittorio Emanuele
Via del Fondaco
Piazza della Vittoria
Piazza del Parlamento
Via Porta di Castro
Palazzo Reale (o dei Normanni)
Teatro delle Balate 19
Via del Bastione
Camera delle Meraviglie 8
Via Porta di Castro
Piazza Indipendenza
20 Teatro dell'Opera dei Pupi Kemonia
Via Generale Luigi Cadorna
Via Antonio Mongitore
Via San Giovanni di Cristina
Via Villanueva
Via Albergheria
Chiesa di San Giovanni degli Eremiti 7
Via Benedettini
Parco D'Orleans
Corso Re Ruggero
Via Vesalio
Via Carlo Forlanini
N
0
200 m
Corso Tuckory
Via Filiciuzza

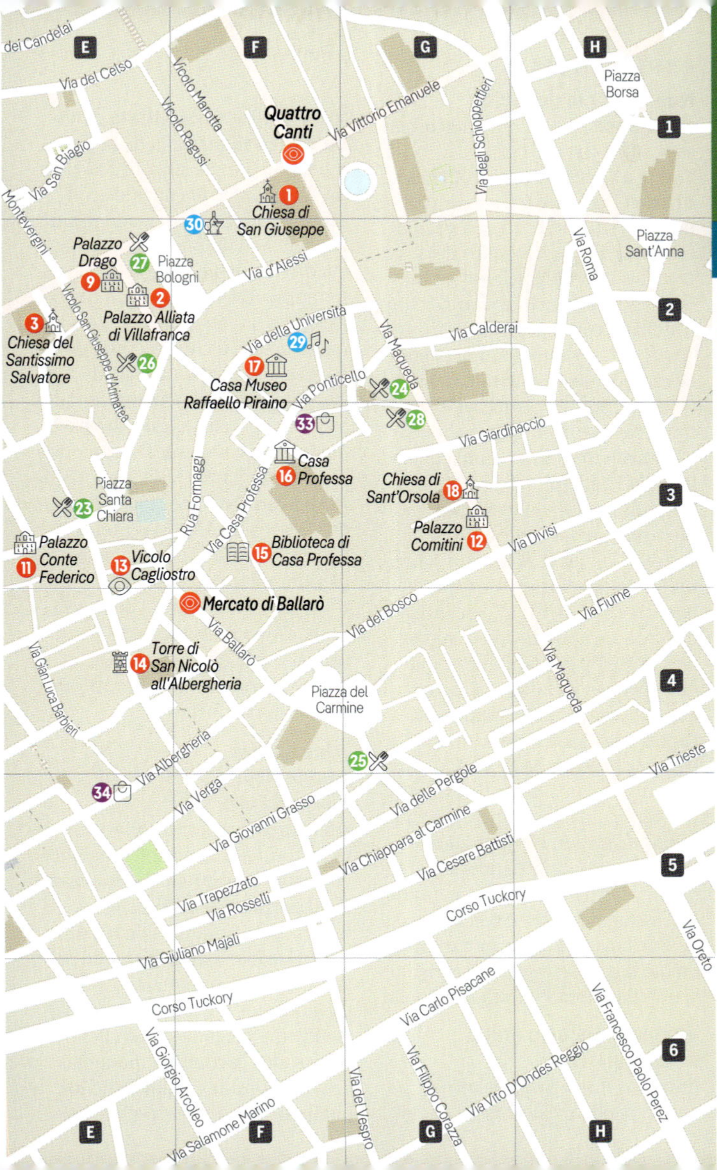
E
F
G
H
1
2
3
4
5
6
dei Candelai
Via del Celso
Vicolo Marotta
Vicolo Ragusi
Quattro Canti
Via Vittorio Emanuele
Via degli Schioppettieri
Piazza Borsa
Via San Biagio
Montevergini
1 Chiesa di San Giuseppe
30
Palazzo Drago
27
Piazza Bologni
9
2
Via d'Alessi
Via Roma
Piazza Sant'Anna
3 Chiesa del Santissimo Salvatore
Vicolo San Giuseppe d'Arimatea
Palazzo Alliata di Villafranca
26
Via della Università
29
17 Casa Museo Raffaello Piraino
Via Ponticello
Via Maqueda
24
28
Via Calderai
33
Via Giardinaccio
Casa Professa
16
Chiesa di Sant'Orsola 18
Piazza Santa Chiara
23
Rua Formaggi
Via Casa Professa
Palazzo Comitini 12
Palazzo Conte Federico
11
13 Vicolo Cagliostro
15 Biblioteca di Casa Professa
Via Divisi
Mercato di Ballarò
Via Ballarò
Via del Bosco
Via Fiume
Via Gian Luca Barbieri
14 Torre di San Nicolò all'Albergheria
Via Maqueda
Piazza del Carmine
25
Via Albergheria
34
Via Trieste
Via Verga
Via delle Pergole
Via Giovanni Grasso
Via Chiappara al Carmine
Via Cesare Battisti
Via Trapezzato
Via Rosselli
Corso Tuckory
Via Giuliano Majali
Via Oreto
Corso Tuckory
Via Carlo Pisacane
Via Giorgio Arcoleo
Via Francesco Paolo Perez
Via Filippo Corazza
Via del Vespro
Via Vito D'Ondes Reggio
Via Salamone Marino

EXPERIENCIAS

Manifestar la devoción a san José

LUGAR DE CULTO

PLANO: 1 P. 46 **F1**

Frente a Quattro Canti, la **Chiesa di San Giuseppe** fue construida por los teatinos en un exuberante estilo barroco a principios del s. XVII. Lo consiguieron gracias al gremio de carpinteros, que pusieron como condición consagrarla al padre de Jesús. Así, el santo domina el portal de entrada desde una hornacina y, en el interior, su glorificación continúa con estucos, incrustaciones y bajorrelieves. En la capilla que hay a la izquierda del presbiterio, la escultura dorada de un José ya anciano, que sostiene al pequeño Jesús de la mano, se recorta sobre un fondo de mármoles mixtos, mientras que en los altorrelieves de los lados cobran vida el sueño de san José y la Sagrada Familia que propició su huida a Egipto. Son especialmente llamativas las capillas de San Cayetano, fundador de los teatinos, y de la Madonna di Trapani, con una delicada estatua de Gagini. La cúpula, cuyo exterior se ha convertido en un punto de referencia infalible para orientarse por el centro histórico, destaca por la decoración interior con frescos de Borremans. Si se paga un suplemento se puede visitar la sacristía, la amplia cripta y subir a la cúpula.

Visitar un palacio único

PALACIO

PLANO: 2 P. 46 **E2**

Entre los numerosos palacios que se pueden visitar en el barrio (p. 50), el **Palazzo Alliata di Villafranca** va más allá de la posibilidad de fantasear sobre la vida privilegiada de los nacidos con sangre azul. De hecho, además de la profusión de puertas doradas, cuadros, muebles lujosos, estatuas monumentales, techos con frescos y estucos, como corresponde a una mansión aristocrática digna de tal nombre, el palacio sorprende por sus obras maestras artísticas, cuya excepcional relevancia sobresale, incluso, en comparación con otros lugares similares: la Crucifixión de Anton van Dyck, por ejemplo, o los dos lienzos de Matthias Stomer, que representan la época de esplendor pictórico de Palermo durante la primera mitad del s. XVII. En la espectacular Sala dei Musici, con su techo de madera delicadamente decorado, se celebran actos culturales y conciertos.

¿Una iglesia o un teatro?

LUGAR DE CULTO

PLANO: 3 P. 46 **E2**

Si el barroco es una celebración de la teatralidad, es posible imaginar el efecto escénico de la **Chiesa del Santissimo Salvatore,** que se ha usado como auditorio en las últimas décadas. Este edificio, de origen medieval aunque reconstruido en múltiples ocasiones, tiene planta elíptica y sigue estando lleno de pesados cortinajes, moquetas y sillas tapizadas, además de los habituales mármoles polícromos

AL PRINCIPIO ERA...

Fue aquí, en Albergheria, donde comenzó la historia de Palermo. Por aquí discurría el río Kemonia, alrededor del cual se establecieron los fenicios en el s. VII y donde se sucedieron romanos, bizantinos y árabes en la antigua Panormos; aquí se alzaba el Càssaro, la antigua fortificación (del árabe *al-qasr,* es decir, "alcázar") que dio nombre a la columna vertebral que hoy es Via Vittorio Emanuele; aquí fue donde los normandos establecieron su centro de poder. Y aquí es donde, hoy, la mayoría de los visitantes se enamoran de la ciudad.

que adornan numerosos lugares de culto de la ciudad. El conjunto pictórico es también de primer nivel, con un retablo del s. XVI del pintor flamenco De Wobreck, lienzos de Tancredi y Borremans y la bóveda decorada con frescos de Vito D'Anna. Se puede subir a la cúpula, desde donde se ve una panorámica espectacular.

Homenaje a Steve Jobs

MUSEO Y RESTAURANTE

PLANO: 4 P. 46 **D2**

Los apasionados del mundo Apple y su evolución no deberían perderse el **MEC Museum.** En sus siete salas se exponen iconos del universo Apple, desde el primer ordenador creado en 1976 hasta Lisa (1983, un producto tan avanzado a su tiempo que fracasó). Para evitar malentendidos: el nombre MEC no es un error, sino un acrónimo que juega con la pronunciación similar a Mac pero significa "Meet-Eat-Connect" ("Encuentro-Comida-Conexión"). De hecho, el restaurante de lujo capitaneado por Carmelo Trentacosti, chef también del hotel Villa Igiea (p. 151), forma parte del proyecto, al igual que la sala de descanso, donde durante el día los visitantes pueden y, tal vez, conocer a algún friki.

Una pausa verde en el centro histórico

JARDINES

PLANO: 5 P. 46 **C3**

En 1905, el alcalde de Palermo, Pietro Bonanno, se esforzó por revalorizar Piazza della Vittoria, cuyo nombre recuerda el éxito de la revuelta del s. XIX contra los Borbones. Como resultado, nacieron los jardines de **Villa Bonanno,** que ocupan la zona delantera del Palazzo Reale y abrazan un yacimiento arqueológico con los restos de dos casas romanas y una necrópolis, donde se puede disfrutar de la tarde bajo las palmeras. En la esquina suroriental del jardín, el Palazzo Sclafani, hoy ocupado por el Comando Militare di Sicilia, muestra una fachada del s. XIV con ventanas geminadas decoradas con arcos entrelazados.

Cruzar solemnemente el umbral de la ciudad

PUERTA

PLANO: 6 P. 46 **A4**

Construida a finales del s. XVI para celebrar el retorno a la ciudad de Carlos V tras su victoria en la Jornada de Túnez contra los turcos (1535), la monumental **Porta Nuova** quedó destruida tras la explosión de un polvorín y se reconstruyó en 1667. De esa época data el añadido de una estructura superior piramidal cubierta de azulejos polícromos que forman el dibujo de un águila. También hay que fijarse en los cuatro telamones que representan los moros derrotados en la fachada que da a la ciudad nueva.

Un viaje al pasado árabe-normando palermitano

LUGAR DE CULTO

PLANO: 7 P. 46 **B5**

Tal vez no exista otro lugar como la **Chiesa di San Giovanni degli Eremiti** que irradie la esencia de la Palermo árabe-normanda. El desnudo edificio, encargado por Roger II en 1132 está formado por un paralelepípedo con dos tramos y un ábside, junto al cual surgen dos espacios más (uno coincide con el campanario y el otro mantiene la estructura de una mezquita anterior). La rígida angulosidad de su construcción se suaviza gracias a las cinco cúpulas que la coronan (hoy rojas, pero hasta el s. XIX de color gris, véase p. 30), con la habitual contraposición entre perpendicularidad y redondez que remite a la contraposición entre la tierra y el cielo. Y luego está el claustro, con sus preciosos capiteles, el pozo y la vegetación, que parece salida de las descripciones coránicas del Paraíso.

Apasionarse por una historia misteriosa

SALA

PLANO: 8 P. 46 **C5**

La historia del descubrimiento de este lugar, llamado hoy **Camera delle Meraviglie,** es una fábula moderna. En el 2003, una joven pareja compró un apartamento en ruinas en Ballarò. Por casualidad, tras una fuerte tormenta, las goteras desprendieron las capas de yeso de una habitación, que dejaron al descubierto los restos de una misteriosa inscripción. Se descubrió que, bajo el yeso, se ocultaban caracteres arabescos de color dorado y plateado que se repetían por las paredes de color azul. Aparecieron montones de expertos y se barajaron todo tipo de hipótesis, desde que se trataba de una sala masona o de una de meditación. Hoy se ha optado por una interpretación mística. Los símbolos, escritos en el s. XIX y que durante mucho tiempo han vuelto locos a los estudiosos, al parecer significan lo siguiente: "Lo que quiere dios, sucede, lo que no quiere dios, no sucede". Aunque, tal vez, son notas musicales. Quién sabe.

Visitar palacios nobiliarios

PALACIOS NOBILIARIOS

El hecho de que, en siglos pasados, Palermo fuera una ciudad increíblemente próspera y lujosa se deduce por la larga lista de palacios nobiliarios que embellecen el barrio. Para los apasionados del tema que sean capaces de no morirse de envidia al compararlo con el piso propio de dos habitaciones, visitarlos es una de las citas obligadas de la ciudad. Quienes no sientan esa necesidad pueden escoger uno para hacerse una idea de cómo son; el **Palazzo Drago** (PLANO: 9 P. 46 **E2**) es una buena opción. La visita se desarrolla *in crescendo,* de la sobriedad de la planta baja, donde se pueden ver frisos de época romana y los restos de la estructura del s. XIV, a la ostentación del lujo y el arte de la planta noble. Los frescos del s. XVIII de Sozzi y los cuadros de Lojacono dejan con la boca abierta, aunque lo que más seduce es una sensación de intimidad, perceptible entre las paredes de las habitaciones, aún habitadas por las familias propietarias. Lo que distingue el **Palazzo Asmundo** (PLANO: 10 P. 46 **C3**), del s. XVII pero totalmente transformado en 1767, son las vistas privilegiadas de la catedral, que se alza justo enfrente. Por lo demás, las suntuosas decoraciones alegóricas de las salas sirven de telón de fondo para las increíbles colecciones de cerámica siciliana, armas blancas, abanicos y arcones, mientras que, cada día a las 17.30, el **Teatro Argento** ofrece divertidas representaciones de marionetas. El **Palazzo Conte Federico** (PLANO: 11 P. 46 **E3**) es un resumen de la historia de la ciudad: el edificio incorpora una torre árabe-normanda construida junto a uno de los dos brazos de mar que llegaban hasta aquí en el s. XII. Es posible imaginarse cómo era Palermo en esa época con el mapa representado en el suelo de cerámica de la planta noble. Como valor añadido, el encargado de guiar al visitante por los salones repletos de escudos de armas, armaduras, lámparas de Murano, techos de madera y trofeos será un miembro de la familia del conde Alessandro Federico, que ha mantenido la propiedad de la casa a lo largo de los siglos y que aún vive allí. Para terminar, destaca el **Palazzo Comitini** (PLANO: 12 P. 46 **G3**), de finales del s. XVIII y sede del gobierno provincial desde 1931, que custodia importantes obras de arte, como un paisaje de Guttuso (1986), una escultura de bronce de Rutelli (el artista de la cuadriga del Teatro Politeama) y dos cuadros de De Maria Bergler. Aquí se podrá subir la escalera que hay al fondo del vestíbulo, imitando a los gentilhombres de otras épocas, disfrutar de la opulencia de espejos, lámparas de cristal de Murano decorados con peces globo, frescos y ornatos de oro macizo y ampliar los conocimientos culturales descubriendo que en la sala Martorana se firmó, en 1945, el estatuto de la Región de Sicilia. La entrada es gratuita, algo poco habitual en los grandes palacios nobiliarios de Palermo.

Descubrir las aventuras de un personaje extraordinario CALLEJÓN

PLANO: 13 P. 46 **E3**

Aventurero, falsificador, masón, espiritista y, según la leyenda, también alquimista. Giuseppe Balsamo, conde de Cagliostro, es una especie de ídolo para los habitantes de Ballarò, que se identifican con este "genio holgazán" (como lo definió Casanova), en precario equilibrio entre el deseo de redención y el arte de la supervivencia en los límites de la legalidad. Nació en 1743 en una casa del actual **Vicolo Cagliostro.** No existe ningún museo dedicado a este personaje tan esquivo y escurridizo, tan solo murales de colores que citan algunas de sus frases mágicas en la melancólica penumbra del callejón, con las *abbanniate* de Ballarò de fondo.

Disfrutar de unas vistas privilegiadas de Ballarò TORRE

PLANO: 14 P. 46 **E4**

En pleno corazón del barrio, la **Torre di San Nicolò all'Albergheria,** que ya en el s. XIV se usaba como campanario, regala unas vistas inolvidables del mercado y los tejados de la ciudad. Desde ella, la mirada recorre las agujas y torres de infinidad de monumentos de la ciudad y se posa, inevitablemente, en la cúpula de la Chiesa del Carmine Maggiore (p. 39), con los telamones en la base de la magnífica cubierta de cerámica verde y negra.

Respirar el perfume de los libros antiguos BIBLIOTECA

PLANO: 15 P. 46 **F3**

El olor a papel de los cerca de 400 000 libros de la **Biblioteca di Casa Professa,** entre los que se incluyen antiguos códices y textos impresos publicados entre los ss. XVI-XIX, hará las delicias de los bibliófilos. Los apasionados de la arquitectura admirarán el edificio, un antiguo convento jesuita que alberga la biblioteca desde 1767. El complejo incluye un bonito claustro donde Borsellino dio su último discurso, estucos del estilo de Serpotta y una colección de cuadros en el 2º piso.

Admirar la iglesia barroca más emblemática de la ciudad LUGAR DE CULTO

PLANO: 16 P. 46 **F3**

Si para comprender qué es el barroco siciliano solo se pudiera visitar una iglesia, **Casa Professa** sería de las mejores elecciones. La sobria fachada del primer lugar de culto construido por los jesuitas en Palermo, de hecho, no deja entrever en absoluto la impactante visión de su interior: no solo abruma la exuberancia de marqueterías

'MISCHI', 'RAMISCHI' Y 'TRAMISCHI'

Parecen las palabras de un conjuro pero son los principales tipos de mármol de las iglesias barrocas de la ciudad. Aunque sí hay algo de magia: el efecto que produce la combinación de las refinadas incrustaciones de mármoles de distintos colores *(mischi)* sumado a los que añaden los elementos en relieve (llamados *tramischi, trabischi* o *ramischi*), es capaz de hechizar como un sortilegio. Si se tiene alguna duda, hay que visitar Casa Professa.

de mármol, estatuas y estucos que cubren cada centímetro del edificio, sino también la unidad del proyecto decorativo, en el que cada elemento armoniza de manera natural con todos los demás. Así, se recorrerán las naves deteniéndose a admirar los caprichosos detalles (los pilares del crucero con querubines, centauros, tritones y figuras fantásticas; el antipendio del altar de la Sagrada Familia; los teatrillos en las hornacinas del ábside, recortados sobre un fondo de mármoles polícromos y falso lapislázuli) y, acto seguido, la imponente grandiosidad del conjunto dejará al viajero abrumado. En ningún otro lugar alcanza el espíritu del barroco siciliano semejante ideal compositivo. Además, también se pueden ver los grandes cuadros de Pietro Novelli, la sacristía, el Museo d'Arte Applicata, el oratorio del Sabato, de estilo Serpotta, y la cripta.

Pasear entre trajes de época en un maravilloso palacio CASA MUSEO

PLANO: 17 P. 46 **F2**

A lo largo de los años, el profesor Piraino, docente de historia del traje en la Academia de Bellas Artes de Palermo, ha reunido cinco mil trajes y accesorios (de los ss. XVIII-XX), que hoy se exponen en la **Casa Museo Raffaello Piraino.** No hace falta decir que si se necesita inspiración para vestirse un sábado por la noche de manera atrevida, este es el lugar ideal; además, el propio lugar es fascinante, con obras pictóricas y muebles refinados.

TEATROS DE BARRIO

Teatro delle Balate

PLANO: 19 P. 46 **D4**

Pequeño, pero animado, fuerte y proactivo, abierto en el 2007 en pleno corazón de Albergheria, en Via delle Balate. Pone en escena espectáculos en prosa, danza y propuestas infantiles.

Teatro dell'Opera dei Pupi Kemonia

PLANO: 20 P. 46 **B5**

Los Cuticchio son una de las familias de titiriteros más históricas de Palermo. Hay espectáculos todos los fines de semana y se pueden realizar visitas guiadas.

Piccolo Teatro dei Biscottari

PLANO: 21 P. 46 **D3**

Espectáculos, talleres y cursos en un espacio tan minúsculo como encantador.

Un toque oscuro nunca viene mal LUGAR DE CULTO

PLANO: 18 P. 46 **G3**

Al vislumbrar las tres calaveras esculpidas en el arquitrabe del portal, las ánimas oscuras que paseen por Via Maqueda durante una tarde de sol sabrán que la **Chiesa di Sant'Orsola** será su lugar de culto preferido. También los amantes del arte disfrutarán del espacio, ya que custodia lienzos de Pietro Novelli y de Zoppo di Gangi y estucos de Serpotta.

SUGERENCIAS

Lo mejor para...

Localizaciones en el plano de la **p. 46**

€ Económico €€ Medio €€€ Alto

Comer

Proyectos éticos

Al Fresco

22 D3

Al contribuir a este proyecto social (en la cocina trabajan exconvictos), no solo ganará el karma del visitante, sino que, además, se comerá muy bien. En la cocina se usan ingredientes de km 0 y de temporada, harinas ecológicas de Libera Terra, embutidos y quesos *slow food*. Además, en las cálidas noches de verano, el jardín es un auténtico privilegio. *www.alfrescopalermo.it; desde 18.30 mi-do*

Moltivolti

23 E3

Muy activo en el proceso de revitalización de Ballarò, demuestra que la integración se logra también a través de la comida. Aquí se vivirá una experiencia de sabor internacional, tanto en el ambiente como en la carta (aunque no faltan platos típicos sicilianos, desde la *pasta c'anciova* a los *involtini* de berenjenas). Forma parte del mismo proyecto que BarConi, la heladería a la vuelta de la esquina. *www.moltivolti.org; diario*

Comida callejera

Bangla Fast Food

24 G2

Desde dentro no resulta muy tentador, con un espacio minúsculo y mesas de plástico. Pero tras gastar apenas 5 € por un delicioso plato de arroz con carne o verduras, se volverá al hotel con una sonrisa de oreja a oreja. *Horario variable, suele abrir a diario*

Cotto e bollito

25 G4

Véase reseña en p. 39

Restaurantes y 'trattorie'

Santamarina Bistrot

26 E2

La plazoleta, con sus casas en maravillosa decadencia, cubiertas de murales, convierte este local en uno de los más característicos de Ballarò. El ambiente es informal, a veces se organizan exposiciones (e, incluso, pequeños conciertos desde el balcón) y en la cocina saben muy bien lo que hacen. Se sirven platos sicilianos, de carne, pescado o vegetarianos, y también cocina internacional. *www.santamarinabistrot.it; desde 17.00 diario, almuerzos vi-do*

Carlo V

27 E2

La cocina no es nada del otro mundo, pero con la pasta y las *pizzas* no habrá ninguna queja. Lo que la distingue es la terraza en la preciosa Piazza Bologni. *Diario*

Ponticello

28 G3

Destaca la autenticidad palermitana de su propuesta gastronómica, en un callejón alejado del bullicio turístico, y su servicio informal, no tanto su ambiente, pero es una opción de lo más fiable. *cerrado ma*

Beber

Vinos y cócteles

Tatum Art

29 F2

Una sala acogedora con una decena de mesas, fotos en blanco y negro en las paredes claras de piedra vista, un piano y luces tenues. Ideal para disfrutar de los conciertos de *jazz*. Si se llega a la hora de cenar se podrá comer a base de tapas. Se aconseja reservar. *www.tatumart.it; 19.00-1.00 mi-do, conciertos 21.30; en verano se traslada a un sitio distinto cada año*

Eno

30 F2

Véase reseña en p. 45

Café

Bar Marocco

31 C3

Bar común frecuentado por turistas y vecinos, que sirve un buen café y deliciosos brioches. Lo que no tiene nada de común son las vista de la catedral, justo enfrente. *Diario*

Comprar

Artesanía

Angela Tripi

32 D2

Si se busca un recuerdo sin más, hay que ir a otro sitio, pero si lo que se quiere es una auténtica obra de arte (y se está dispuesto a pagarla), es imposible no enamorarse de las figuritas de terracota y tela de Angela Tripi, famosa más allá de las fronteras regionales. *www.angelatripi.it; lu-sa*

Quir

33 F3

Es una tienda almodovariana, más que variopinta, repleta de artículos de piel (cinturones, bolsos, accesorios) realizados por Massimona, la trans Massimo Milani, uno de los fundadores del primer círculo Arcigay surgido en Palermo. *lu-sa*

Caramelos

Terranova

34 E5

Un lugar que no deberían perderse los viajeros golosos, pero saludables. Aquí se transforma un concentrado de algarroba en caramelos, sin conservantes ni colorantes. Es una dulzura natural, un arte desarrollado en 130 años de actividad. *www.caramelleterranova.it; lu-vi*

Sugerencias de lugares para comer, beber y comprar en **p. 81**

Explora
Kalsa

Por el este se asoma al mar, que con su brisa imprime un sello poético a cada rincón del barrio; al oeste enseña su faceta más elegante, entre Piazza Pretoria y los palacios de Via Maqueda; el centro es un laberinto de callejuelas en las que el encanto de Palermo, con su mezcla de ruina y esplendor, sus monumentos ajados por el tiempo y las huellas de un pasado que celebra su magnificencia indómita, se expresa en todo su esplendor. Tras años de degradación, hoy Kalsa es una de las zonas más animadas del centro histórico, repleta de bares, restaurantes, talleres de artesanía y museos de gran relevancia.

Cómo desplazarse

A pie

Teniendo en cuenta la densidad de sitios culturales, bares y tiendas, más el bonito paseo marítimo y las grandes plazas, y la posibilidad de pasear por las calles más amplias de la ciudad y por los estrechos callejones, sin duda, la mejor manera de recorrer el barrio es a pie.

Autobús

El nº 101 pasa por Via Roma y atraviesa el centro histórico de norte a sur. El nº 107 circula por el paseo marítimo.

'Navetta'

La lanzadera gratuita del centro histórico, la *navetta arancione,* atraviesa el barrio desde Via Roma hasta Via Alloro.

Martorana (p. 72).

★

LO MEJOR

MUSEOS DE LOS PALACIOS ABATELLIS, CHIARAMONTE STERI Y BUTERA

Arte e historia en maravillosos palacios nobiliarios (pp. 60, 64, 66)

INSPIRACIÓN Y VIDA NOCTURNA

Bares, talleres y galerías donde Kalsa muestra su alma creativa (p. 58)

CHIESA DI SANTA CATERINA

Una auténtica joya barroca (p. 70)

CIRCUITO A PIE

Inspiración y vida nocturna

Talleres de artesanos donde mentes y manos creativas dan vida a su inspiración, bares llenos de color, locales animados, una *focacceria* histórica y pequeñas galerías de arte. Basta un relajado paseo de un par de horas, incluidas múltiples paradas por el camino, para sumergirse en el ambiente que se respira en la zona de Via Alessandro Paternostro, una de las calles más animadas de Kalsa.

INICIO	FINAL	DURACIÓN
Galleria Eglise	Dal Barone	0,26 km; 30 min

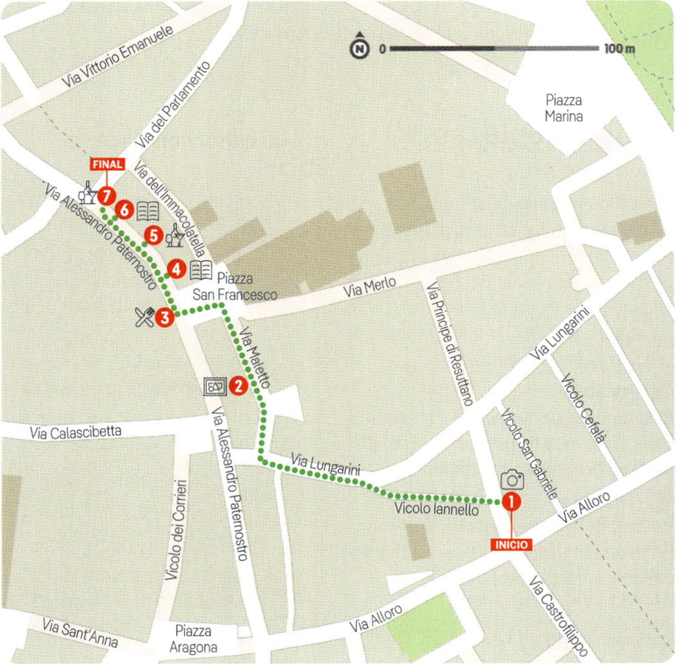

1 Para amantes del arte

Que el origen del arte radique en la dimensión espiritual de la existencia ha sido una tesis muy popular a lo largo de la historia. Por tanto, no hay mejor escenario para admirar una exposición que una antigua iglesia desacralizada reconvertida en galería fotográfica. **Eglise** es un lugar verdaderamente agradable.

2 Investigación experimental

La **Rizzuto Gallery** es un espacio de exposiciones dedicado al arte contemporáneo que muestra la obra de algunos de los nombres más prometedores del panorama nacional. En caso de no estar familiarizado con los lenguajes experimentales, no hay que preocuparse: el amabilísimo personal de la galería facilitará la visita y ofrecerá todas las explicaciones necesarias.

3 Comida callejera de siempre

"A Palermo nel cuore del centro c'è un'antica focacceria" –"En el corazón del centro de Palermo hay una antigua *focacceria*"–, cantaba el grupo de *rock* italiano Modena City Ramblers. Pues bien, la *focacceria* en cuestión se encuentra en el n.º 58 de Via Paternostro: la **Antica Focacceria San Francesco.** Orgullo de los habitantes del barrio, se inauguró en el lejano 1834 y, tras años de dar de comer a grandes nombres de la cultura y haber sido de los primeros en desafiar el *pizzo* –la extorsión de la mafia–, sigue deleitando con sus platos típicos en una de las plazas más bonitas de Kalsa.

4 Para leer y escribir

Pequeña, íntima y muy bien surtida, con un catálogo que abarca desde libros de arte a una cuidadosa selección de literatura infantil, la independiente **Easy Reader** es el sitio ideal para comprar un buen libro, que podrá leerse en alguno de los muchos locales de la calle.

5 Ambientes de antaño

En el n.º 77, las cortinas rojas bajo el cartel de **Botteghe Colletti** dan la bienvenida a un local con aroma *belle époque,* visualmente impactante. Ideal, ya sea para tomar el *aperitivo* o para ir después de cenar.

6 Un editor con las ideas claras

En el n.º 85 se abre un microcosmos lleno de colores: la tienda **IdeestortePaper,** que vende libros ilustrados para niños y adultos con sentido del humor y de la estética, además de irresistibles postales, bolsos, calendarios, etc.

7 Una copa de vino ecológico

Muchos turistas y parroquianos ocupan las mesas y las sillas del interior y el exterior del minúsculo **Dal Barone,** aunque, seguramente, pocos son conscientes realmente de la sofisticada investigación enológica que se lleva a cabo en este local. Los amantes de los vinos ecológicos y naturales descubrirán un auténtico paraíso.

★ IMPRESCINDIBLE

Galleria Regionale Siciliana

La sede del museo, el Palazzo Abatellis, del s. xv, es de extraordinaria belleza y solemnidad en todas sus estancias. Sus colecciones constituyen un tangible testimonio de ese anhelo de belleza que siempre ha movido el alma Palermo.

PLANO: P. 68 **F3**

PARA LOS FANS DE ANTONELLO
Aunque no generan el impacto emocional de *La Anunciación,* las pequeñas tablas con los doctores de la Iglesia de Antonello da Messina muestran toda la genialidad del pintor en la representación de las expresiones de los rostros. Se encuentran en la misma sala que la obra maestra.

El museo

Fruto del proyecto de Carlo Scarpa, el espacio de exposición aprovecha los volúmenes de uno de los palacios del s. xv más fascinantes de Sicilia. La fachada destaca por las delicadas tríforas y por el portal, de hipnóticas formas geométricas, mientras que las galerías y las escaleras externas que conectan las dos plantas (sin remodelaciones barrocas como en la mayoría de los edificios de la ciudad) recuerdan el exotismo de las construcciones catalanas de la misma época. En el interior hay una colección escultórica que incluye lápidas, el busto de Leonor de Aragón, de Francesco Laurana (1468) y numerosas obras de la escuela de los Gagini (con algunas esculturas magníficas de Antonello Gagini; foto p. 61), y una colección de pintura aún más opulenta, con dos obras maestras absolutas.

El 'Triunfo de la muerte'

Al inicio del recorrido, la mirada de todos los visitantes converge, inevitablemente, en el mismo punto: el gigantesco fresco extraído del Palazzo Sclafani, de la primera mitad del s. xv. El *Triunfo de la muerte* interpreta un tema iconográfico muy habitual del final de la Edad Media, que es, a la vez, una reflexión sobre la fugacidad de la existencia y una advertencia sobre el apego a los valores mundanos. El estilo compositivo es también típico

GANDOLFO CANNATELLA/DREAMSTIME.COM ©

de las principales cortes europeas de la época: el decorativismo, la linealidad de las formas, la representación minuciosa de los detalles, a veces grotescos, recuerdan el figurativismo gótico. Pero, más allá de los aspectos técnicos y de las referencias bíblicas más o menos vagas (la muerte con arco y flechas sobre un caballo blanco recuerda al primer jinete del Apocalipsis), lo que deja sin aliento por su fuerza expresiva es la fantasía de la representación y el conjunto de retratos humanos, con emperadores, papas, obispos y frailes atravesados por flechas mortales, personas desvalidas y sufridas que invocan en vano a la muerte (situada a la izquierda de la obra) y aristócratas que no son conscientes de su inexorable cercanía (a la derecha).

UNA PAUSA
A un paso del palacio, el **Ristorantino Palazzo Sambuca** (p. 83) sirve buena cocina a buenos precios.

DE PALERMO A BARCELONA
Según algunos estudiosos, Picasso se inspiró en el *Triunfo de la muerte* para la composición del *Guernica*. Aunque es una hipótesis imposible de demostrar, el caballo también ocupa un lugar central en la obra del español, hay numerosos muertos y el tono de la obra se sitúa entre el drama y la irrealidad, al igual que el fresco palermitano. Quién sabe. Lo que es seguro es que Picasso recurrió a la iconografía del triunfo de la muerte, que cuenta con muchas representaciones, al margen de la del Palazzo Abatellis.

'La Anunciación'

La segunda obra maestra, en este caso una de las máximas expresiones del arte de todos los tiempos, es *La Anunciación* (1474-1476) de Antonello da Messina (foto p. 63). El pintor interpretó este tema clásico dejando fuera de la escena al arcángel Gabriel; en el lienzo solo está la Virgen, retratada con su habitual gracia y expresividad, con magistrales efectos de luz y un cuidado de los detalles de influencia nórdica (hay que fijarse en el atril carcomido). Sin embargo, la obra destaca, sobre todo, por el riguroso orden geométrico, evidente en la representación de tres cuartos y en la posición de las afiladas manos. El espectador se halla en el lugar del arcángel, colocado en la escena sin darse ni cuenta, en una composición con una perspectiva de una modernidad fuera de lo común.

Del siglo XIII al manierismo tardío

El resto de la colección, a pesar de no alcanzar las cotas estéticas de las obras anteriores, incluye cuadros muy interesantes, y no solo para apasionados del arte. El crucifijo del s. XIII, de estilo similar al de di Giunta Pisano y los retablos de pintores de los ss. XIV-XV, rezagados con respecto a los estilos desarrollados en el resto de Italia pero de gran capacidad ilustrativa, ofrecen una buena representación del arte siciliano entre la Edad Media y la Moderna. El perfil internacional de la colección sube de nivel con el *Tríptico Malvargna* (1510), del flamenco Mabuse, con una llamativa composición arquitectónica y un cuidado de los detalles digno de una miniatura, y con la *Deposición* de Jan Provost, repleta de influencias del Renacimiento italiano. Tras ver algunas obras de Vasari y Bronzino se llega a las salas nuevas, dedicadas al manierismo tardío siciliano. Los autores que se exponen, como Giuseppe Alvino, Gaspare Bazzano o Pietro D'Asaro, son poco conocidos para el gran público pero no resulta difícil reconocer su más que notable inventiva.

PIAZZA STEFANO/DREAMSTIME.COM ©

El siglo XVII

La muestra se cierra a lo grande con el barroco, de absoluto esplendor en Palermo también en el ámbito pictórico. El recorrido de la Sala Rossa comienza con seguidores de Caravaggio activos en otras zonas de Italia, como el napolitano, Battistello Caracciolo, o el francés, Simon Vouet. Poco después aparecen las obras de Van Dyck, que vivió en la ciudad en 1624 (año de la peste y del hallazgo de los huesos de santa Rosalía) y de Pietro Novelli, máximo exponente de la pintura siciliana de la época. Por último, la síntesis de sensibilidad e influencias barrocas alcanzada por Mattia Preti y Luca Giordano pone el broche final a uno de los recorridos pictóricos más emocionantes de Italia.

A MERENDAR
Los pasteles de la **Cioccolateria Lorenzo** (p. 81) son de los mejores de la ciudad. Se puede comprobar por uno mismo si apetece al final de la visita.

★ IMPRESCINDIBLE

Palazzo Chiaramonte Steri

De la sofisticación de la arquitectura hasta las lúgubres sombras del recuerdo de la Inquisición, las huellas artísticas del s. XIV o la presencia de uno de los cuadros más famosos del s. XX de Italia: hay muchas razones para visitar este palacio.

PLANO: P. 68 **E2**

PROGRAMAR LA VISITA
Conviene tener en cuenta que solo se puede entrar al palacio en visitas guiadas, que empiezan cada hora en punto *(a diario 9.00-20.00; hasta 18.00 en invierno)*. Más información en *www.coopculture.it*.

Historia y construcción

El palacio fue construido hacia 1320 como residencia del conde Manfredi I, miembro de la poderosa familia Chiaramonte. Desde finales del s. XIV hasta el s. XVI se convirtió en residencia de los gobernantes españoles de la isla. Desde entonces cambió varias veces de uso: fue sede de las oficinas de Aduana, del tribunal de la Inquisición y hospedería para pobres. Actualmente alberga el Rectorado de la Universidad de Palermo.

El Steri (de *hosterium*, "palacio fortificado") tiene la imponencia marcial de una fortaleza con la refinada elegancia de sus ventanas geminadas y triforadas, sus arcos ojivales y sus decoraciones que combinan influencias árabes, normandas y catalanas de una manera tan peculiar que se ha convertido en la referencia del estilo *chiaramontano* que terminaría difundiéndose por toda Sicilia. En el interior destaca la Sala Magna, cuyo magnífico techo (1377) está pintado con escenas mitológicas y caballerescas.

Las celdas de la Santa Inquisición

La parte más emocionante del recorrido, que corresponde a las ampliaciones del palacio, es sin duda la visita a las celdas de la Inquisición, que ejerció aquí su magisterio entre 1601 y 1782. Los grafitis de los condenados, de color rojo (que se obtiene a base de mezclar orina, aceite y polvo)

ELESI/SHUTTERSTOCK.COM ©

o negro (con los residuos de las lámparas de aceite), transmiten una historia plagada de injusticias y abusos. Las oraciones, las imágenes religiosas, galeones y dibujos satíricos plasmados en las paredes son un dramático testimonio de ello.

'La Vucciria'

El recorrido termina con el cuadro por el que Renato Guttuso es famoso en todo el mundo. *La Vucciria,* pintado en 1974, cuando el artista ya no vivía en Sicilia, recrea la emoción que el autor, un niño de Bagheria, sentía ante la sucesión de puestos del mercado de la capital. El "sueño del hambriento", como lo definió Leonardo Sciascia, está repleto de todos los productos alimenticios que se puedan imaginar. La obra no está terminada (hay que fijarse en las nueces de la parte inferior).

UNA PAUSA
En los alrededores, hay que disfrutar de la preciosa Piazza Marina; en ella se podrá probar la deliciosa comida callejera de **Nni Franco u' Vastiddaru** (p. 81).

★ IMPRESCINDIBLE

Palazzo Butera

De entre la gran variedad de edificios nobiliarios del centro destaca, en todos los sentidos, el palacio que durante siglos se interpuso entre el mar y la ciudad. De hecho, es una puerta abierta al mundo, a las tensiones del arte contemporáneo y a la vocación multicultural que siempre ha animado la esencia de Palermo.

PLANO: P. 68 **F1**

APERTURAS ESPECIALES
En *www.palazzo butera.it* se podrá consultar la posibilidad de visitar las salas que normalmente están cerradas: la colección privada incluye pinturas de Annibale Carracci, muebles, porcelanas de Meissen y cristal francés de principios de s. XX.

De privilegio a bien común

Al ver el palacio, soberbio protagonista del paisaje urbano frente al mar, ni los extranjeros llegados del Mediterráneo ni los palermitanos de pura cepa tenían duda sobre quién mandaba en Sicilia: los Branciforte, príncipes de Butera. Su residencia tomó forma a principios del s. XVIII gracias al arquitecto barroco Giacomo Amato, y se amplió en 1759, convirtiéndose en la inmensa mansión que, aún hoy, domina las Mura delle Cattive. Es este el patrimonio devuelto a la ciudad por Massimo y Francesca Valsecchi, los coleccionistas a quienes se debe el renacimiento del Palazzo Butera. Sin embargo, la restauración no se ha limitado a arreglar el mobiliario y a restaurar las decoraciones. El palacio ha sido totalmente renovado, transformado, en algunos aspectos, consagrado al arte contemporáneo y reestructurado con soluciones arquitectónicas futuristas (como la pasarela de cristal y hierro que conecta los espacios de la planta baja). Se recorrerán estancias muy refinadas que han recuperado toda su opulencia y por otras totalmente transformadas por las obras de artistas de la talla de Tramlett, Costa, Gilbert & George o Becher, que encuentran en la monumentalidad clásica del edificio un escenario espectacular. El

ANNALISA BRUNI/EDT ©

resultado de esta valiente apuesta es increíblemente armonioso.

La terraza y la torreta

Las últimas renovaciones son del 2023, con la instalación dedicada a Tom Phillips y a algunas de sus obras más emblemáticas (desde *Curriculum vitae* a *Memento mori*). El espacio que ha tenido más éxito es la terraza pavimentada con vistas al mar, muy larga y cuajada de plantas tropicales, que suaviza poéticamente la magnificencia que se respira por todos los rincones de palacio. Las vistas de 360° que se disfrutan desde la torreta abarcan desde el centro histórico al horizonte mediterráneo. Se aconseja no subir en verano en las horas de más calor.

UNA PAUSA

La cocina de **Le Cattive,** el restaurante del palacio, está a la altura de la sofisticación del edificio, aunque también se puede ir tan solo a tomar un café.

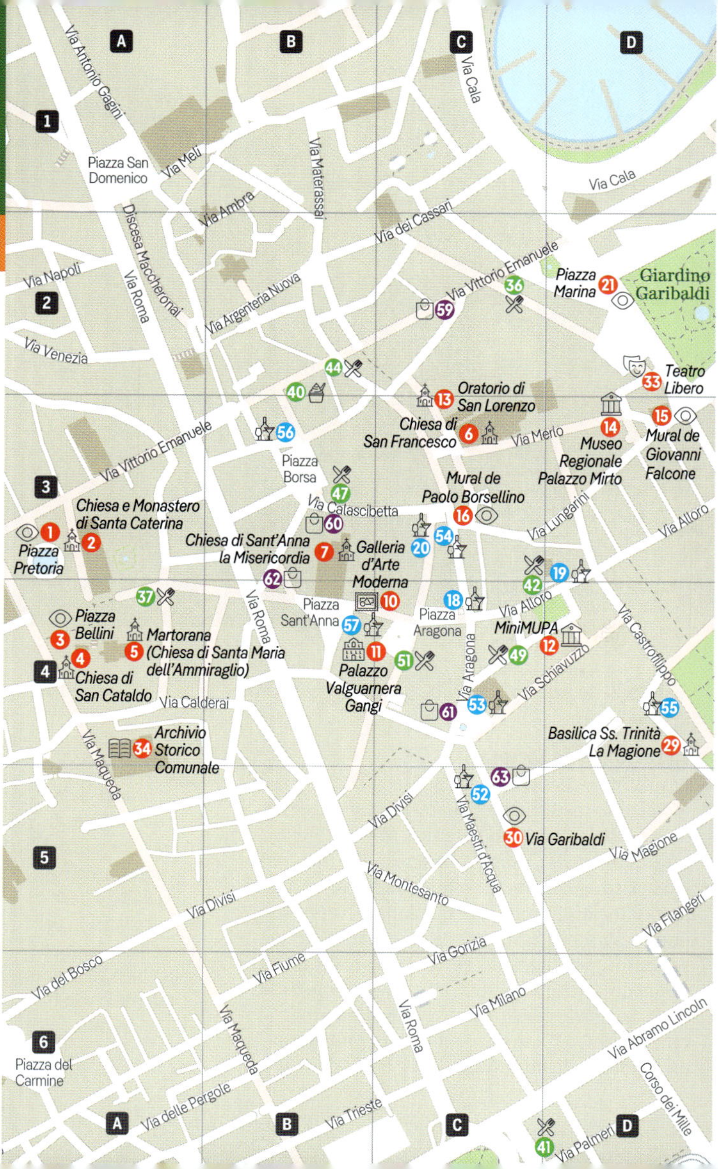
A
B
C
D
1
2
3
4
5
6
Piazza San Domenico
Via Antonio Gagini
Via Meli
Via Materassi
Via Cala
Via Ambra
Discesa Maccheronai
Via dei Cassari
Via Napoli
Via Roma
Via Argenteria Nuova
Via Vittorio Emanuele
Piazza Marina
21
Giardino Garibaldi
36
59
Via Venezia
44
40
33 Teatro Libero
13 Oratorio di San Lorenzo
Chiesa di San Francesco 6
Via Merlo
14 Museo Regionale Palazzo Mirto
15 Mural de Giovanni Falcone
56
Piazza Borsa
47
Mural de Paolo Borsellino
16
Via Calascibetta
60
Via Lungarini
Via Alloro
Chiesa e Monastero di Santa Caterina
1 Piazza Pretoria
2
Chiesa di Sant'Anna la Misericordia 7
Galleria d'Arte Moderna
20
54
19
42
62
37
10
Piazza Sant'Anna
18
Piazza Aragona
Via Alloro
3 Piazza Bellini
Martorana
5 (Chiesa di Santa Maria dell'Ammiraglio)
57
MiniMUPA 12
Via Castrofilippo
4 Chiesa di San Cataldo
11 Palazzo Valguarnera Gangi
51
49
Via Schiavuzzo
Via Aragona
Via Calderai
61
53
55
Basilica Ss. Trinità La Magione 29
34 Archivio Storico Comunale
Via Maqueda
63
52
Via Divisi
Via Maestri d'Acqua
30 Via Garibaldi
Via Magione
Via Montesanto
Via Divisi
Via Filangeri
Via Gorizia
Via del Bosco
Via Fiume
Via Milano
Via Maqueda
Via Roma
Via Abramo Lincoln
Piazza del Carmine
Corso dei Mille
Via delle Pergole
Via Trieste
41
Via Palmeri

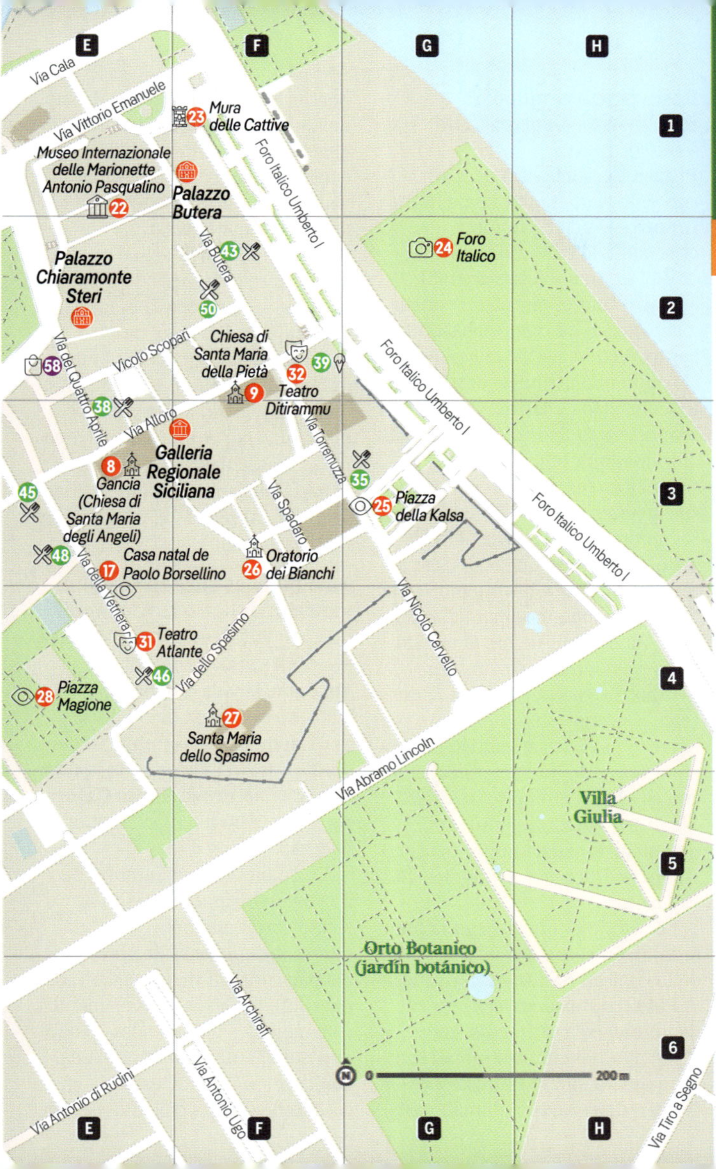
E
F
G
H
1
2
3
4
5
6
Via Cala
Via Vittorio Emanuele
Mura delle Cattive
23
Museo Internazionale delle Marionette Antonio Pasqualino
22
Palazzo Butera
Foro Italico Umberto I
Via Butera
43
50
Foro Italico
24
Palazzo Chiaramonte Steri
Via del Quattro Aprile
58
Vicolo Scopari
Chiesa di Santa Maria della Pietà
9
32
39
Teatro Ditirammu
38
Via Alloro
Via Torremuzza
Galleria Regionale Siciliana
8
Gancia (Chiesa di Santa Maria degli Angeli)
45
35
Via Spadaro
25
Piazza della Kalsa
48
Via della Vetriera
Casa natal de Paolo Borsellino
17
Oratorio dei Bianchi
26
Via Nicolò Cervello
Teatro Atlante
31
Via dello Spasimo
46
Piazza Magione
28
27
Santa Maria dello Spasimo
Via Abramo Lincoln
Villa Giulia
Orto Botanico (jardín botánico)
Via Archirafi
Via Antonio Ugo
Via Antonio di Rudinì
0
200 m
Via Tiro a Segno

EXPERIENCIAS

Descubrir la vergüenza a un paso de Quattro Canti PLAZA

PLANO: 1 P. 68 A3

Piazza Pretoria está ocupada casi enteramente por la gigantesca **fuente** del mismo nombre, que el Senado de Palermo compró en 1573 a un noble toscano. El apelativo por el que se las conoce a ambas, cuyo origen es bastante controvertido, es "de la vergüenza". Hay quien lo atribuye al indignado desconcierto de las monjas del Monastero di Santa Caterina, justo enfrente, que veían las ninfas y tritones que la decoran con todos sus atributos al aire. Sin embargo, según otros, "*Vergogna!*" era el grito de protesta que los palermitanos proferían a los miembros del Senado cuando pasaban delante de la fuente, por la que la ciudad había gastado una fortuna en tiempos de carestía. En cualquier caso, el grandioso monumento barroco pasó de ser motivo de vergüenza a serlo hoy de gran orgullo, con su planta circular y sus ricas esculturas de estilo manierista, que incluyen figuras mitológicas y personificaciones de los ríos de Palermo.

Los edificios que rodean la fuente también contribuyen al orgullo de los palermitanos. Al noroeste, el **Palazzo Bonocore** es la sede de un museo multimedia sobre el patrimonio cultural inmaterial siciliano. Al sur, el **Palazzo Pretorio** o delle Aquile (llamado así por las águilas de mármol de su fachada) alberga desde hace siglos el gobierno civil de la ciudad. Se construyó hacia 1470, se ha renovado en varias ocasiones y está dominado por la estatua de santa Rosalía (1661), de Carlo d'Aprile, y por un reloj francés de 1864. En su interior destacan la escultura del genio de Palermo, de 1483, en la escalera que sube a la planta noble, y las siete salas sucesivas, entre ellas la Amarilla y la Roja, diseñadas por Almeyda, así como la Garibaldi, desde cuyo balcón el héroe de la unificación italiana se dirigió al pueblo el 30 de mayo de 1860.

Para quienes sueñan con una vida monástica o con 'cannoli'

IGLESIA, MONASTERIO Y PASTELERÍA

PLANO: 2 P. 68 A3

Sin duda, la vida de una monja de clausura está llena de renuncias, pero, al menos, las dominicas que del 1311 al 2014 vivieron en la **Chiesa e Monastero di Santa Caterina** residían en un lugar de enorme belleza.

En cuanto cruza el umbral de este sacro lugar, el visitante se siente abrumado por las desbordantes decoraciones barrocas, que ocupan cada centímetro cuadrado del edificio. Más que los elementos ornamentales individuales, lo que deja sin aliento es la armonía del conjunto: mármoles, estucos, frescos… todo de una melodiosa coherencia en la desbordante búsqueda de la perfección estética. Una vez recuperados de la primera impresión se podrán observar con detenimiento las obras: los paneles de marquetería de mármol de la base de las pilastras de la nave central (a la derecha), con la representación de la historia de Jonás y el sacrificio de Isaac; el fresco rococó de Vito D'Anna en la cúpula; o la estatua de Gagini del crucero. Con una entrada adicional se pueden visitar el convento y las terrazas, donde se podrá apreciar la deliciosa sencillez de las celdas, las salas elevadas protegidas por rejas desde las que las monjas asistían a misa y la espectacular vista de todo el centro histórico. El recorrido termina en el claustro (que no precisa de la entrada adicional), que suavizaba el rigor de la clausura con su fuente burbujeante, plantas exóticas y un suelo de azulejos.

Para darse un capricho más mundano, también hay una pastelería, **I Segreti del Chiostro,** que sirve pecaminosas *minne di vergine* (masa quebrada rellena de ricota y fruta confitada, cubierta de glaseado y coronada por una cereza a modo de pezón), *cannoli* y *cassate* de mística exquisitez.

Descubrir un resumen de la historia de la ciudad en una plaza

PLAZA

PLANO: 3 P. 68 **A4**

Justo detrás de Piazza Pretoria (p. 70), **Piazza Bellini** es un compendio de la historia de Palermo. Hay que colocarse en la esquina con Discesa dei Giudici: de un solo vistazo se abarca la fachada tardorrenacentista de la Chiesa di Santa Caterina (p. 70), las cúpulas de estilo árabe de San Cataldo (p. 72), las líneas mágicas de la Martorana (p. 72), la elegancia decimonónica del **Teatro Bellini** (que, a veces, abre al público para visitas) y los imponentes volúmenes del Palazzo Pretorio (p. 70). Si se le añade el

LA ELEGIDA DESDE SIEMPRE

El origen del barrio se remonta al s. x, cuando los árabes crearon un centro de poder con vistas al puerto. Se trataba de Halisah, "la Elegida", la ciudadela de la que deriva el nombre de Kalsa. No se conserva nada de esa construcción salvo el ambiente exótico que aún hoy envuelve las calles y callejones de la zona. En los siglos posteriores, los alrededores del núcleo original se transformó en un pueblecito que rápidamente se expandió y se unió con la judería. A partir del s. xv llegaron algunas de las familias más pudientes de la ciudad (entre ellas los Ajutamicristo y los Abatellis), que con sus palacios contribuyeron a crear esa combinación entre imponencia arquitectónica y autenticidad popular que, desde entonces, no ha dejado de caracterizar al barrio.

suelo empedrado, las somnolientas mesitas de un bar y el plus de exotismo que confieren las palmeras, el escenario se convierte en uno de los rincones más bonitos de la ciudad.

Observar los detalles de dos iglesias árabe-normandas LUGARES DE CULTO

Las dos iglesias que dan a Piazza Bellini, parte del patrimonio árabe-normando reconocido por la Unesco, parecen sacadas de un cuento de hadas. La **Chiesa di San Cataldo** (PLANO: 4 P. 68 **A4**), en origen la capilla del desaparecido palacio del Majone di Bari (almirante de la flota de Guillermo en el s. XIII), llama la atención por sus cúpulas, exquisitamente discordantes con las imponentes construcciones de esta parte del centro histórico. También su austero interior, con sus sobrias geometrías y sus suelos de marquetería de mármol, se encuentra en las antípodas del resto de los edificios de la zona, que muestran los excesos del barroco. Las cruces, tema iconográfico recurrente en las puertas, ventanas y objetos litúrgicos, hacen referencia al símbolo de la Orden de los Caballeros del Santo Sepulcro, a la que está encomendada la iglesia.

Justo al lado se encuentra la **Martorana (Chiesa di Santa Maria dell'Ammiraglio)** (PLANO: 5 P. 68 **A4**), con su imponente campanario, encargada en 1143 por el almirante de la flota de Roger II, Giorgio di Antiochia. La combinación de estilos de su interior es un reflejo de su turbulenta historia, consecuencia de numerosas remodelaciones, que conforma un interior algo disonante, pero muy evocador. Por un lado se encuentran los extraordinarios ciclos de mosaicos. Las representaciones más famosas, la de Jorge de Antioquía arrodillado tras un escudo a los pies de la Virgen, y la de Roger II en el momento de recibir la corona de Cristo, están en el atrio, mientras que el Pantocrátor rodeado por una inscripción en griego y los cuatro arcángeles, culminación del programa teológico de la decoración, se encuentra en la cúpula. Por otra parte se puede observar el barroco palermitano en su máxima expresión, con los mármoles *mischi* (de distintos colores) del ábside y los frescos del s. XVIII de Sozzi y Borremans. La iglesia, devuelta en 1935 a la comunidad griega ortodoxa después de siglos, celebra las misas según su propio rito.

En busca del arte sacro por las iglesias del barrio LUGARES DE CULTO

Quienes disfruten contemplando lienzos y estatuas en la penumbra con olor a incienso de las capillas de Kalsa, no deben perderse la **Chiesa di San Francesco** (PLANO: 6 P. 68 **C3**), con su portal del s. XIV rematado por arcos con decoraciones en zigzag de probable inspiración islámica, que acoge esculturas de Gagini y Serpotta, entre ellas las 10 que representan alegorías femeninas en la nave central. La **Chiesa di**

Sant'Anna la Misericordia (PLANO: 7 P. 68 **B3**) muestra una fachada ondulada que no pasa desapercibida y en su interior guarda un importante patrimonio pictórico, sobre todo del s. XVIII: desde la vertiginosa *Ascensión de Jesús* de Vito D'Anna, situada en el crucero izquierdo, a la más sobria *Asunción de la Virgen* de Filippo Trancredi en el crucero derecho. Merece mención especial la llamada **Gancia (Chiesa di Santa Maria degli Angeli)** (PLANO: 8 P. 68 **E3**), no solo por el *San Pedro de Alcántara* de Novelli, los frescos de Filippo Tancredi o el célebre *Monaguillo* de Serpotta (un niño vestido con hábito franciscano en la pared derecha de la Cappella dello Sposalizio), sino por el halo de leyenda que la rodea. En la iglesia están enterrados algunos de los inquisidores que ejercían sus funciones en el Palazzo Chiaramonte Steri (p. 64), entre ellos, Juan López de Cisneros, protagonista de un relato de Sciascia (p. 74); aquí también se encuentra el célebre **agujero de la salvación** (en la pared exterior que da a Via Alloro), por el que escaparon, con ayuda de los habitantes del barrio, dos de los 13 conspiradores capturados en el convento de los Borbones durante las revueltas de 1860. Por último, la **Chiesa di Santa Maria della Pietà** (PLANO: 9 P. 68 **F2**) resume las formas y temas típicos del arte palermitano en sus decoraciones barrocas, sus ondulantes estucos de Serpotta y los frescos de Borremans.

Visitar la GAM, Galleria d'Arte Moderna

MUSEO

PLANO: 10 P. 68 **C4**

Es un museo verdaderamente bonito, tanto por su ubicación, en el antiguo convento de la Chiesa di Sant'Anna La Misericordia, las instalaciones y la colección, que muestra Palermo y Sicilia a través de la mirada de los artistas nacidos en la isla. Empieza con cuadros decimonónicos de temática histórica, que dialogan con los mármoles y los bronces del centro de la primera sala; continúa con el clasicismo de Patania y el fascinante uso de la luz de los paisajes de Lojacono, "el ladrón del sol". El 1er piso se dedica a una época a caballo entre los ss. XIX y XX: *I Carusi* de Tomaselli denuncia las dramáticas condiciones de trabajo de los niños en las solfataras, mientras que las obras de Leto, De Maria Bergler y Catti muestran una perspectiva siciliana desde el punto de vista naturalista, simbólico o intimista, respectivamente. También se expone una obra maestra internacional, el escalofriante *El pecado* de Von Stuck, con una seductora Eva envuelta en una serpiente de color azul. Para terminar, en el último piso se desarrolla el s. XX, con grandes nombres de la pintura nacional, desde Severini a Carrà, pasando por Casorati, Boldini o Guttuso, y obras impactantes como la *Bajadera,* de Gregorietti, a medio camino entre el *liberty* y el movimiento *hippy*.

Pagar un precio justo para ver las maravillas nobiliarias palermitanas

PALACIO NOBLE

PLANO: 11 P. 68 **B4**

Visitar el **Palazzo Valguarnera Gangi** cuando se abre en ocasiones especiales es algo que se debe sopesar. Sin duda, es uno de los edificios más fascinantes de Palermo, repleto de tapices, frescos, azulejos, estucos y una historia grandilocuente (puede presumir de haber sido frecuentado por Rossini, Bellini o Wagner). La sala con el insólito techo con aberturas de las que cuelgan grandes lámparas de cristal de Murano (donde se rodó la célebre escena del vals del *Gatopardo* de Visconti) es, sencillamente, encantadora. Sin embargo, la entrada cuesta 55 €, un precio absolutamente exorbitante a pesar de que es evidente que el mantenimiento del palacio tiene que ser muy caro y que el pequeño refresco al final de la visita se agradece muchísimo. Hay que valorarlo.

La historia de Palermo contada para niños

MUSEO

PLANO: 12 P. 68 **D4**

El **MiniMUPA** es un museo que cuenta la compleja historia de Palermo, desde la prehistoria hasta la actualidad, de una forma claramente pensada para niños: instalaciones, juegos didácticos, elementos multimedia. Es una visita muy divertida y que hay que tener muy en cuenta si se viaja con niños.

Imaginarse el Caravaggio robado

ORATORIO

PLANO: 13 P. 68 **C3**

El **Oratorio di San Lorenzo** es, sobre todo, famoso por el robo de 1969 de la *Natividad con los santos Lorenzo y Francisco de Asís* del gran pintor lombardo. Aún sin la obra maestra de Caravaggio (sustituida por una reproducción), se trata de un lugar con un perfil

VISITAR PALERMO MIENTRAS SE LEE A SCIASCIA

Además de ser un fantástico escritor, sofisticado y elegante, de representar un ejemplo de compromiso social y lucha contra la mafia y la *omertà,* y de entretener con las tramas de sus obras, Leonardo Sciascia es un autor que infunde en el lector un conocimiento más profundo de la ciudad de Palermo. Por ejemplo, leer *Una historia sencilla* significa sumergirse en el misterio del robo del lienzo de Caravaggio del Oratorio di San Lorenzo (p. 74), a pesar de que el autor no cita nunca directamente la obra. En *Muerte del inquisidor,* sin embargo, profundiza en el papel y las prácticas de la institución que tuvo su sede en el Palazzo Chiaramonte Steri (p. 64) a través de la reconstrucción del homicidio cometido por el fraile Diego La Matina a mediados del s. XVII. Y *El día de la lechuza* es un documento sobre la mafia de extraordinaria fuerza, similar a la de los que se guardan en el No Mafia Memorial (p. 125).

artístico vertiginoso, tanto por los suelos de mármol como por la sillería de madera del s. XVIII o, sobre todo, por los cándidos estucos de un Giacomo Serpotta (1699-1706) en plena forma. El despliegue de querubines, los teatrillos (hoy incompletos y sin figuras) con episodios de la vida de san Lorenzo y san Francisco y las estatuas de las virtudes forman una composición decorativa de onírico encanto, que culmina con el relieve del *Martirio de san Lorenzo* en la pared opuesta al altar.

Para amantes de los muebles aristocráticos

MUSEO, PALACIO NOBILIARIO

PLANO: 14 P. 68 **D3**

Con sus salas de techos con frescos y el mobiliario original, el **Museo Regionale Palazzo Mirto,** residencia del antiguo clan de los Filangeri durante casi cuatro siglos, lleva a sus visitantes a la vida cotidiana de la nobleza palermitana. En los cuatro pisos que se visitan se descubrirá una cantidad inverosímil de objetos decorativos, instrumentos musicales y objetos curiosos (como relojes con diales intercambiables con solo quitar las manecillas). En el saloncito de Diana hay un pasadizo secreto que llevaba a un escondite en el techo desde donde los señores escuchaban las conversaciones, y la existencia de un saloncito chino recuerda la moda de la época.

Un homenaje a Falcone y Borsellino

MURALES

A pesar de los muchos personajes gloriosos que han protagonizado la historia de Palermo, no cabe duda de que los dos jueces asesinados por la mafia en 1992 desempeñaron un papel especial. Tanto el **mural de Giovanni Falcone** (PLANO: 15 P. 68 **D3**), coronado por la inscripción "Es momento de avanzar", como el **mural de Paolo Borsellino** (PLANO: 16 P. 68 **C3**), con una maletita y una mirada intensa, son obra de TvBoy. También se puede visitar la **casa natal** (PLANO: 17 P. 68 **E3**) de Borsellino, donde se organizan actividades para jóvenes del barrio.

Disfrutar de la vida nocturna de Kalsa

BAR

Hay infinidad de bares donde quedarse hasta tarde; la mayoría son informales y los frecuentan una mezcla equilibrada de turistas y palermitanos. Es decir, si se quiere dar una vuelta por Kalsa y dejarse llevar por el instinto, seguro que se termina pasándolo en grande. Si se quiere alguna indicación, se recomienda **Ojda** (PLANO: 18 P. 68 **C4**), un local nuevo pero ya consolidado como punto de referencia entre los vecinos gracias a su ambiente siciliano-sueco y sus deliciosos platos vegetarianos. También es popular la **Farmacia Alcolica** (PLANO: 19 P. 68 **D3**), con muebles y sillones dignos de un club decadentista, bicicletas colgadas del techo, una carta

TEATRO DE MARIONETAS

Totalmente equipadas y armadas hasta los dientes, las marionetas típicas del teatro siciliano transmiten historias épicas donde aparecen amores, honor, secuestros, defensa de la cristiandad y duelos. Las historias, sacadas de la epopeya carolingia, recurren a fuentes clásicas como el *Cantar de Roldán* u *Orlando furioso.* Las marionetas, hoy declaradas Patrimonio Inmaterial de la Humanidad por la Unesco, vivieron su época dorada desde mediados del s. XIX hasta la II Guerra Mundial. Durante meses, las familias se reunían por las noches para escuchar los *cunti* ("cuentos") y seguir las gestas de los caballeros mientras las fuertes y ruidosas pisadas de los marionetistas añadían ambiente a la batalla.

Para saber más hay que ir a visitar el **Museo Internazionale delle Marionette Antonio Pasqualino** (PLANO: 22 P. 68 **E1**), que explica la diferencia entre las marionetas de Palermo y de Catania (un poco como la *arancina* y el *arancino*), aunque no solo se dedica a eso. Expone cientos de modelos y muestra las tradiciones de otros países, como India, Camboya o Myanmar. El teatro es totalmente funcional.

escrita en prospectos de medicinas y cócteles con nombres como Augmentin o Xanax, que permiten vivir una experiencia original. Por último, se recomienda **Botanico Bar** (PLANO: 20 P. 68 **C3**), donde suele haber conciertos y donde la abundancia de plantas en las paredes les da un toque ecológico a las bebidas.

Relajarse en una de las plazas más seductoras de la ciudad — PLAZA

PLANO: 21 P. 68 **D2**

Es difícil no enamorarse de **Piazza Marina,** en pleno corazón de Kalsa. Fue diseñada a mediados de s. XIX por Basile como plaza inglesa, rodeada por todos los lados por las fachadas de palacios históricos, como el Steri (p. 64), y en su centro están las plantas exóticas de Villa Garibaldi, como los encinos mexicanos o las gardenias sudafricanas, que invitan al ocio o a lentos paseos a la sombra. La atracción principal es un auténtico monumento vegetal, el mastodóntico *Ficus magnolioide,* de más de 30 m de altura y raíces aéreas y retorcidas, que por un instante hará pensar al visitante que se encuentra en la jungla camboyana. También se puede ver la **Fontana del Garraffo** (del árabe *gharraf,* "de agua abundante") barroca, diseñada en 1698 por Gioacchino Vitagliano y alejada del caos de la Vucciria, en la esquina noroeste de la plaza. Los domingos por la mañana se celebra un pintoresco mercadillo.

Un melancólico paseo por las murallas PASEO

PLANO: 23 P. 68 **F1**

En el s. XIX, las murallas del s. XVI se pavimentaron con azulejos y se colocaron bancos. Este paseo era frecuentado, sobre todo, por las viudas, *captivae* (en latín, "prisioneras") del dolor, de donde proviene el nombre de **Mura delle Cattive,** ya que por aquí podían pasear, alejadas del bullicio del paseo marítimo sin contravenir la obligación de aislamiento social ligada al luto. Hay quien añade una nota pecaminosa a la historia en la que se esboza un tono de reprobación moral, ya que se decía que las viudas aprovechaban el contexto de protección del paseo para abandonarse en los brazos de amantes secretos. En cualquier caso, es un lugar agradable por donde pasear. Justo al lado de la entrada se encuentra la **Porta Felice,** construida en 1582 para coronar el Càssaro (actual Via Vittorio Emanuele), que se había extendido hasta el mar a instancias del virrey Marcantonio Colonna. La que hizo que la puerta fuera Felice fue una mujer, Felice Orsini, esposa del virrey. Desde el punto de vista arquitectónico, destaca la estructura, ya que no es un arco sino dos pilares especulares decorados con una alternancia de hornacinas y columnas y rematados por el águila senatorial. El pilar norte se reconstruyó tras un bombardeo.

El paseo marítimo de los palermitanos PASEO

PLANO: 24 P. 68 **G2**

En el litoral del centro de Palermo no hay playas, pero esto no quiere decir que no se vean espectaculares atardeceres con soles llameantes mientras se respira el olor del salitre y se ven las olas rompiendo plácidamente: el **Foro Italico** es una zona muy amplia que da al mar, formada por prados, campos de juego y espacios para practicar deporte, curiosas tumbonas forradas de azulejos y, en verano, sillas y una gran pantalla para disfrutar del cine al aire libre. Es un lugar donde la mente y los sentidos pueden desconectar tranquilamente tras recorrer las estrechas callejuelas del centro histórico.

Atravesar la plaza que es símbolo del barrio PLAZA

PLANO: 25 P. 68 **G3**

Suspendida entre la degradación actual y el recuerdo glorioso de tiempos pasados, **Piazza della Kalsa** es un compendio de la historia de la ciudad, con la imponente **Porta dei Greci** alzándose en el lado oriental. Su nombre deriva de la colonia de pescadores de origen helénico que vivía en la plaza durante la Edad Media, mientras que el ecléctico edificio que hay sobre la puerta, el Palazzo Forcella De Seta, es de mediados de s. XIX.

En el lado opuesto de la plaza se encuentra la interesante **Chiesa di Santa Teresa,** con su bonita fachada barroca, que en los altares de la nave izquierda cuenta con dos importantes lienzos del s. XVIII dedicados a la orden carmelita de Sebastiano Conca y de Borremans.

Descubrir un lugar simbólico de Palermo que pocos conocen ORATORIO

PLANO: 26 P. 68 **F3**

A finales del s. XI la ciudadela árabe de Palermo parecía inexpugnable. Entre los guerreros normandos empezaba a cundir el desánimo y la angustia pero un día, de repente, la Virgen se le apareció a Roberto Guiscardo frente a la puerta de la fortaleza, la misma puerta por la que el líder entraría guiando al ejército y conquistando la ciudad. La imponente puerta de madera, uno de los símbolos de la historia de Palermo, se guarda hoy en el **Oratorio dei Bianchi,** lugar de culto de la Hermandad del Santo Crucifijo que, cuando iban a ofrecer consuelo a los condenados a muerte vestían una túnica blanca. En el interior se pueden admirar también estucos de Serpotta, que se podrán observar a poca distancia para apreciar los minuciosos detalles y, en la planta superior, interesantes exposiciones temporales. Frente al edificio se encuentran algunos de los murales más espectaculares de Palermo.

Maravillarse en una iglesia al aire libre MONUMENTO

PLANO: 27 P. 68 **F4**

Aunque resulte paradójico, es precisamente el hecho de que esté incompleta lo que da a **Santa Maria dello Spasimo** esa fuerza espiritual tan abrumadora. De hecho, desde que el techo se derrumbó en el s. XVIII, los arcos de medio punto entre la nave central y las laterales parecen sostener el cielo y la energía de la iglesia desaparecida trasciende cualquier ideal. La historia del lugar es convulsa: se construyó en el s. XVI por orden del jurista Basilicò y formaba parte de un convento que nunca se llevó a cabo porque durante las obras fue necesario construir un bastión defensivo en su lugar. Desde entonces, el complejo se ha usado como teatro, lazareto, depósito y hospital; hoy se utiliza como espacio para celebración de actos. Su nombre proviene del magnífico retablo *El pasmo de Sicilia* de Rafael, que el virrey Fernando de Ayala hizo llevar a Madrid, donde aún puede verse en el Museo del Prado. Desde septiembre del 2020 puede verse una reproducción de la obra del de Urbino en 3D, que permite hacerse la idea de lo que fue, también gracias al magnífico altar de mármol de Gagini que la enmarca, restaurado y recompuesto tras haber sido destrozado en más de cincuenta trozos.

Fotografiar uno de los espacios más singulares de la ciudad en varios momentos del día PLAZA

Paseando sin rumbo por las calles de Kalsa se tropieza de golpe con una plaza gigantesca, con un tamaño descomunal en comparación con el resto del barrio. En su centro se alza un edificio en ruinas (el Collegio di Santa Maria della Sapienza), a los lados se levantan palacios bastante bonitos y hay también un campo de fútbol destartalado, caminitos perpendiculares que atraviesan los parterres y restos de edificios que recuerdan a un parque arqueológico. Es **Piazza Magione** (PLANO: 28 P. 68 **E4**) y su monumental dimensión se debe a un desatinado proyecto de los años posteriores a la II Guerra Mundial, finalmente abandonado, de construir una amplia calle que atravesara longitudinalmente el centro de Palermo y para el que se derribaron numerosos edificios (como la casa de Falcone, como recuerda un cartel). Sin embargo, su nombre está ligado a la **Basilica Ss. Trinità La Magione** (PLANO: 29 P. 68 **D4**), al suroeste de la plaza, del s. XII, con un claustro y un pequeño huerto.

La plaza es un lugar que suscita impresiones muy distintas en función del momento que se pase por ella. De día, el ambiente es desolador y melancólico, pero por la noche esa impresión cambia radicalmente cuando las terrazas de los bares se animan, los viejos sacan las sillas a la calle para disfrutar del aire fresco y los críos del barrio corretean despreocupados.

Buscar boinas y gorras entre los escaparates de los palacios históricos CALLE

PLANO: 30 P. 68 **C5**

En Palermo, en algunos rincones de la ciudad se mantiene la subdivisión por tipo de comercio, como en los zocos. Por eso, recorrer **Via Garibaldi** es toda una experiencia,

TEATROS DE BARRIO

Teatro Atlante

PLANO: 31 P. 68 **E4**

Un teatro pequeño y alternativo centrado en el aspecto social, con espectáculos para los más pequeños, talleres, cursos y actividades que pretenden ayudar a los menores en riesgo del barrio. Pertenece al círculo ARCI (Associazione Ricreativa e Culturale Italiana).

Teatro Ditirammu

PLANO: 32 P. 68 **F2**

Escondido en el interior de un patio, este teatro con unas 50 butacas versiona en clave popular las obras líticas gracias a los espectáculos de la familia Parrinello: Elisa y Giovanni, a quienes el arte les corre por las venas, son la directora artística y director musical, respectivamente, que llevan a cabo una interesante programación contra viento y marea.

Teatro Libero

PLANO: 33 P. 68 **D2**

En Piazza Marina (p. 76), en la antigua galería de la Chiesa di Santa Maria dei Miracoli del s. XVI, el bonito teatro de innovación, fundado por Beno Mazzone en 1968, ofrece un programa interesante que, además de teatro, incluye danza.

VIDA EN LA CIUDAD: TALENTO Y RECALIFICACIONES

¿Se prefiere un producto artesanal único a las grandes marcas? Habrá que fijarse entonces, al pasear por las calles de Palermo, en los muchos espacios creativos que han reinventado y modernizado el concepto de tienda. Es todo mérito de **ALAB,** la **Associazione Liberi Artigiani-Artisti Balarm** *(www.alabpalermo.it),* que impulsa un proyecto de recalificación del centro histórico fomentando el desarrollo de las microempresas y la artesanía. La idea es muy ingeniosa: los artistas no tienen una actividad comercial, sino un taller abierto al público. Quien quiere, entra a charlar con los jóvenes creativos palermitanos y, tal vez, a comprar alguna de las piezas en exposición. El resultado final es una experiencia provechosa para todos.

ya que se descubren, una tras otra, varias tiendas dedicadas a la venta de sombreros. Después de entrar en dos o tres se aprenderá lo suficiente como para escoger bien.

En esa misma calle se alzan dos palacios históricos interesantes: en el nº 11 está el Palazzo Torre Pirajno (s. XVI), que en la planta noble alberga el **Museo delle Maioliche Stanze al Genio,** la colección de casi 5000 azulejos distribuidos por las elegantes salas deja huella, incluso cuando no se está especialmente interesado en el tema. En el nº 26 está el **Palazzo Ajutamicristo** (propiedad, en parte, de la región de Sicilia), que toma el nombre del banquero que lo hizo construir a finales del s. XV. Para hacerse una idea de la opulencia del edificio, construido en estilo gótico catalán con influencias renacentistas, basta con revisar la lista de los personajes que se alojaron en él, como Carlos V. En el interior hay una colección de esculturas, aunque la estancia más fascinante es, sin duda, el salón de baile con frescos en el techo, que da a una terraza con flores.

Curiosear en el Archivio Storico Comunale

ARCHIVO

PLANO: 34 P. 68 **A4**

Para los viajeros que disfruten entrando en patios sombríos, abriendo chirriantes portones entrecerrados, el Archivio Storico puede visitarse en horario de oficina. No es que haya ningún documento específico para consultar; sin embargo, la gigantesca sala dedicada a Giuseppe Damiani Almeyda (que la diseñó a finales del s. XIX), con sus columnas de 15 m de altura y pisos enteros llenos de estanterías abarrotadas de documentos, tiene la solemne austeridad de una catedral.

Localizaciones en el plano de la **p. 68**

Lo mejor para...

€ Económico €€ Medio €€€ Alto

Comer

Comida callejera

Panineria Friggitoria Chiluzzo €

35 G3

A la hora del almuerzo, profesionales, jóvenes sin mucho presupuesto, modernillos y auténticos palermitanos que ya vivían en el barrio antes de su remodelación se reúnen en Piazza della Kalsa por una sola razón: la comida callejera de Chiluzzo. Aquí, el *pane e panelle,* las *crocchè* o la caponata consiguen que todos se pongan de acuerdo. *lu-sa*

Nni Franco u' Vastiddaru €

36 C2

En las mesas de plástico de Piazza Marina, bajo las sombrillas, se puede comer comida callejera: *pani ca' meusa, panelle y crocchè, arancinette* (en grandes raciones) y, a la hora del almuerzo, pasta. *Diario*

Una pausa golosa

Casa Stagnitta €

37 A4

A dos pasos de Piazza Bellini, este local, pequeñito pero con una bonita terraza en una calle peatonal, es parada obligatoria para los amantes de la *granita* (sobre todo de la de pistacho) y para una pausa estimulante a base de cafeína: el tostador adyacente es uno de los más antiguos y de mayor renombre de Palermo. *www.casastagnitta.it; lu-sa*

Cioccolateria Lorenzo €

38 E3

Moderna y acogedora, esta cafetería-chocolatería de aire más nórdico que mediterráneo ofrece productos ecológicos y pasteles caseros. El bonito patio es ideal para desayunar o merendar tranquilamente. *ma-do*

Antica Gelateria Ilardo €

39 F2

Hay que visitar la heladería histórica del paseo marítimo para probar el legendario *scursunera* (jazmín y canela). *www.anticagelateriailardo.it; Diario*

La Martorana €€

40 B2

El bar de la Osteria Ballarò no se conforma con ser una pastelería exquisita, sino que también ofrece excelentes platos de rosticería y sirve unos *aperitivos* y unos platos típicos deliciosos. *Diario hasta tarde*

'Trattorie', pizzerías y bistrós

Trattoria Trapani €€

41 D6

A dos pasos de la estación central, ofrece cocina auténtica y casera, con algunas opciones de pescado según la disponibilidad del mercado. Es una *trattoria* a la antigua, que no cede a los caprichos de la restauración contemporánea. El servicio es familiar y se come bastante bien, aunque las luces son de neón, si se paga con tarjeta el dueño frunce el ceño y el café se sirve en vasitos de plástico, en contra de la moda ecológica dominante. *lu-vi, solo almuerzo sa*

A'nica €€€

42 C4

La masa es ligera, fermentada un mínimo de 48 h, el borde es suave, los ingredientes, de calidad y los condimentos, refinados, como en la *pizza* de búfala, miel y lomo de cerdo negro de las Nebrodi. La terraza se encuentra en una plazoleta delante Giardino dei Giusti. También es restaurante, con platos que van desde el pescado crudo a la pasta a la carbonara. *www.anicapalermo.it; diario*

Madonieat €€

43 F2

Al lado del Palazzo Butera, este colorido restaurante-bistró en cuyo nombre se recuerda las Madonie, área de montaña de donde vienen los productos que venden en sus estanterías. Su cocina, basada en recetas simples que buscan valorar la calidad de los ingredientes ecológicos, ofrece un viaje por los sabores del interior de Sicilia. Aquí se podrá descubrir que el maná no llueve del cielo sino que proviene de los fresnos. *www.madonieat.com; ma-do*

Buatta €€€

44 B2

Se autodefine como un local de cocina popular, pero en versión elegante, con preparaciones (y

Las deliciosas tartas de Segreti del Chiostro (p. 71).

precios) de restaurante de categoría. Los platos se preparan con ingredientes de temporada, a ser posible de km 0 y el ambiente, a caballo entre el *liberty* y el minimalismo, realza la historia de las salas (que, en su día, fueron la tienda de maletas Quattrocchi). Buena oferta de vinos por copas. *www.buattapalermo.it; verano diario, invierno lu cerrado*

Ristorantino Palazzo Sambuca €€

45 E3

Justo al lado del Palazzo Abatellis, este pequeño restaurante de ambiente familiar tiene estanterías llenas de botellas y una carta que alterna platos de mar y montaña, con algún que otro guiño creativo notable. Lo dirige un equipo joven y alegre. *www.ristorantinopalazzosambuca.it; lu-sa*

Osteria Alivàru €€

46 E4

Antes de dedicarse a la alta cocina, Carlo Napoli fue el charcutero más famoso de Ballarò. En el 2022 se trasladó a Kalsa, en la zona de Piazza Magione, para abrir un restaurante donde, a los deliciosos embutidos y quesos que ofrece a su clientela, ha añadido un menú a base de apetitosos entrantes y platos de carne y pescado. *www.alivaru.com; lu-sa*

Restaurantes

Osteria Ballarò €€€

47 B3

El local es precioso (las antiguas caballerizas del s. XVIII del Palazzo Cattolica) y la propuesta gastronómica, variada. Hay una vinoteca con *aperitivos,* la posibilidad de probar comida callejera de categoría (a precios distintos de la calle, claro) y el restaurante, propiamente dicho, inspirado en el territorio, la materia prima y los principios del *slow food. www.osteriaballaro.it; diario*

Quattro Mani €€€

48 E3

Los platos de cocina local que preparan Alberto y Chiara podrían definirse como auténticos y con un toque distinto a la vez. De hecho, los protagonistas de la carta son los clásicos de las abuelas sicilianas, como los espaguetis con pez espada o los calamares rellenos, pero la interpretación es totalmente moderna y cuida la presentación y el origen de los ingredientes, de granjas ecológicas y biodinámicas. La carta, escrita a mano en un papel, cambia a diario. *www.ristorantequattromani.it; solo cena ma-ju, almuerzo y cena vi-do*

Scjabaca €€€

49 C4

El restaurante es pequeño, con el interior revestido de cálida piedra clara y una terraza no especialmente atractiva. Eso sí, en la cocina saben muy bien lo que hacen, con platos que logran un equilibrio perfecto entre tradición e innovación y con un respeto riguroso por los productos de temporada. Desde un punto de vista puramente gastronómico, es uno de los mejores sitios de Palermo. *mi cerrado*

L'Ottava Nota €€€

50 F2

Si se busca un restaurante moderno con decoración minimalista y de diseño, una cocina creativa pero nada pretenciosa, combinaciones tradicionales con toques atrevidos y una carta de vinos de lo más satisfactoria, este es el sitio ideal. Por supuesto, no hay que esperar pagar lo mismo que en una *trattoria. www.ristoranteottavanota.it; lu-sa*

Osteria dei Vespri

€€€

51 C4

La terraza de la plaza, en una de esas noches cálidas de primavera en las que es imposible no enamorarse de Palermo, es ya un motivo para ir. Y luego la carta, con platos sencillos pero de lo más *gourmet*, completa el hechizo. Se ofrecen también menús de degustación y vegetarianos. *www.osteriadeivespri.it; almuerzo y cena lu-sa, solo cena do*

Beber

Salón de té

Tèco

52 C5

El *liberty* y oriente se encuentran en la decoración de este refinado salón de té, con una carta tan amplia que hace palidecer a los salones de té tradicionales japoneses. Un lugar para relajarse entre libros de arte y música *indie* de tonos suaves mientras se observan las fotos de la exposición del momento y se saborea un delicioso *darjeeling* o un cóctel a base de té, acompañados de un dulce o un *aperitivo*. Local *gay-friendly. www.facebook.com/teco.palermo, ma-do*

Cócteles

Qvivi Music Bar

53 C4

Bar colorido, abarrotada de instrumentos musicales, radios y mesas al aire libre donde tomar algo en un ambiente alegre. A la hora del *aperitivo* a veces se toca música y los chicos son muy amables. No está nada mal. *www.qvivi.com; ma cerrado*

Una cerveza con amigos

Basoli

54 C3

Se podría elogiar la calidad de sus cervezas, de sus cócteles o de su servicio informal. Sin embargo, lo cierto es que la plazoleta donde está la terraza es tan agradable que explica por sí sola el éxito de este bar, ideal para tomar el *aperitivo* o ir después de cenar. *ma-do*

Ballarak Magione

55 D4

Un sitio ideal para probar cerveza artesanal, en un ambiente sencillo y acogedor en invierno, o en la terraza de Piazza Magione en verano, para estar en el centro de la vida nocturna de los jóvenes. El nombre es un homenaje a Ballarò, donde se encontraba el primero local de la cervecería. *Diario*

QQT1C Cuccutiunci

56 B3

No es un *pub*, sino un local minúsculo para disfrutar de una alegre parada para beber cervezas de calidad de cervecerías artesanas sicilianas. *"Cu ccu ti unci"* en siciliano significa "con quién te juntas", lo que recalca la importancia de beber en buena compañía. En verano organiza conciertos en el balcón. *www.cuccutiunci.it; ma-do*

Monkey

57 B4

El punto fuerte de este concurrido bar es la terraza, con barriles y bancos de madera en el precioso entorno de Piazza Sant'Anna. Los grupos de amigos piden *Forst atturrunate* ("heladas") o cócteles a precios asequibles, mientras que algunos padres intentan disfrutar de una copa sin perder de vista a sus vástagos, que corretean por la plaza peatonal. También se organizan conciertos (algunos desde el balcón) y, a veces, los domingos por la mañana, actuaciones al aire libre. *ma-do*

Comprar

Artesanía

Di terra e di fuoco

58 E2

Paseando por los alrededores de Piazza Marina se podrá ver a Lavinia Sposito trabajando fuera de su taller, transformando la arcilla en piezas de cerámica; se recomienda entrar a curiosear. Tal vez, después de ver azulejos vidriados, piñas de la fortuna y *cassate* de cerámica, se saldrá con un precioso objeto de arte auténticamente siciliano. Si se opta por el envío hay que informarse sobre los tiempos de entrega, ya que algunos lectores han informado sobre problemas con el servicio. *Cerrado lu mañana*

Cittacotte

59 C2

Desde hace más de 25 años, Vincenzo Vizzari renueva la tradición centroeuropea de las miniaturas de monumentos en su microtaller. Aquí recrea la mayoría de los palacios palermitanos, Quattro Canti, las iglesias, las puertas... en el color ocre único de la arcilla cocida al horno. Es un bonito recuerdo, con precios que van desde lo que cuesta una cerveza a varios cientos de euros. *lu-sa*

Tiendas históricas

Vallone Cuoiami

60 B3

Desde el letrero *vintage* hasta el aroma a cuero que ya se siente desde la calle, el gran mostrador o el amplio interior, todas las sensaciones que surgen a medida que uno se adentra en este establecimiento se suman para transmitir la impresión de haber retrocedido en el tiempo. Si, además, se tienen que comprar bolsos, carteras, maletas, fundas para ordenador o bandoleras de calidad, se habrá dado en el clavo. *lu-sa*

Tele e cordami

61 C4

Tienda de barrio que parece de una época ya desaparecida. Vende telas en bruto, tejidos, adornos para carros y bramantes, con el orgullo del que no tiene interés en el ir y venir del turismo de la zona. Se recomienda visitarla para ver la auténtica Palermo, incluso si no se tiene interés en los productos que vende. *lu-sa*

Ropa

Casa Preti

62 B3

Las líneas geométricas, los grandes volúmenes y la elegancia andrógina de las prendas, que se aprovechan de un imaginario estético exótico y sensual, han contribuido al éxito del joven diseñador palermitano Mattia Piazzi, que ha transformado su taller de sastrería en una casa de moda con socios suizos. El nombre es un homenaje al pintor del s. XVIII Mattia Preti. Muy de vez en cuando, organiza desfiles para sus clientas habituales. *www.casa-preti.com, ma-sa*

Berrettificio Siciliano

63 C5

Tienda histórica que rezuma tradición por los cuatro costados, donde reinan las boinas, aunque también hay otros tipos de sombreros, carteras, bastones, cinturones y tirantes. También se fabricas productos a medida. *lu-sa*

★ MERECE LA PENA

Al sur de Kalsa

Fuera de las antiguas murallas, la elegante melancolía del centro histórico se diluye en la modernidad y en el caos. Sin embargo, también aquí sigue brillando con todo su esplendor el patrimonio de la historia árabe-normanda. Y en la frontera entre ambos mundos, un oasis de paz y verdor: el jardín botánico.

EVENTOS
En años anteriores, en el jardín botánico se ha celebrado **Una Marina di Libri,** la feria literaria anual de Palermo. Véase *www.ortobotanico.unipa.it* para ver otros posibles eventos.

Villa Giulia

Inaugurada en 1778, fue concebida como el final feliz del paseo que los nobles palermitanos solían dar cada día por el actual Foro Italico. Debe su nombre a Giulia d'Avalos, esposa del entonces virrey, Marcantonio Colonna, aunque también se la ha llamado Villa del Popolo (es el parque público más antiguo de Palermo). El proyecto tiene un rígido sistema geométrico: alrededor del espacio circular central, las avenidas dibujan un cuadrado que tiene como vértices las cuatro puertas y que, a su vez, queda dentro del cuadrado perimetral. La unión entre la necesidad ilustrada de orden y racionalidad y la impronta espiritual de la simbología del círculo y el cuadrado (que remite a la interacción entre lo humano y lo divino en la cultura árabe) determina el encanto del lugar, que se realza aún más gracias a la exuberancia de las plantas en flor, los árboles de frondosas copas y las estatuas (sobre todo el reloj solar del dodecaedro de la fuente central y la fuente del genio de Palermo, Ignazio Marabitti). Las cuatro exedras de Damiani Almeyda servían para las orquestas.

Jardín botánico (Orto Botanico)

Es uno de los lugares más espectaculares de la ciudad. Se fundó en 1789, con diseño del francés Léon Dufourny y la colaboración de Marvuglia.

FOTOKON/SHUTTERSTOCK.COM ©

El jardín botánico (Orto Botanico) está formado por una sucesión constante de senderos e invernaderos, bosquecillos y plantas exóticas que, con la mezcla de intensos perfumes, cantos de pájaros, libélulas de colores tan llamativas como las flores que adornan los estanques, ofrece una experiencia abrumadora. El parque también destaca por la solemnidad del Gymnasium (el edificio central, no muy lejos de la entrada) y por sus numerosas estatuas, mientras que la nomenclatura latina con la que se presentan las especies vegetales intensifica el exotismo de plantas procedentes de todos los rincones del planeta. Así, en pocos metros, se pasará de los enormes cactus, que recuerdan a las películas del Oeste, a los bambúes y el templete oriental, con un cambio continuo de escenario. Si hubiera que escoger una sola planta como símbolo del jardín sería, sin duda, el increíble bayán aus-

HELADERÍA HISTÓRICA

Tras un corto paseo desde el jardín botánico se llegará a Corso dei Mille 73, donde se podrá probar el *fiordilatte* más famoso de Palermo en **Ciccio Adelfio.**

UN BAR ENTRE PLANTAS
Beber algo en **Talea-Orto Botanico** es la mejor excusa para prolongar la estancia entre los aromas de las plantas medicinales y la sombra de los árboles exóticos.

traliano *(Ficus macrophylla)*, primer ejemplar de su especie introducido en Europa y tan perturbador como una criatura abisal que haya emergido a la superficie.

Suspendido entre la historia y el tráfico

Apreciar la monumentalidad del **Ponte dell'Ammiraglio** (Patrimonio Mundial de la Unesco) obliga a hacer un gran esfuerzo de imaginación porque entre sus arcos ojivales no dejan de pasar camiones, la nueva línea de tranvía y, al fondo, grises edificaciones industriales. Sin embargo, si se busca el punto adecuado, de espaldas a Corso dei Mille, se podrán imaginar las aguas del río Oreto, que en 1132 fluían por donde hoy solo se ve césped. Fue entonces cuando Giorgio d'Antiochia, gran almirante de Roger II, construyó el puente

CRISTIAN M BALATE/DREAMSTIME.COM ©

para conectar la ciudad con los parques de la otra orilla. Hay que recordar también todos los acontecimientos históricos de los que fue protagonista, desde su construcción, en forma de lomo de burro, por obreros árabes y normandos, a las luchas de 1860 entre Garibaldi y la resistencia borbónica. Sin duda, el Ponte dell'Ammiraglio merece la pena.

Palmeras y cúpulas de estilo árabe

San Giovanni dei Lebbrosi, un oasis de vegetación y arte en el desierto de las afueras, ha sufrido importantes remodelaciones a lo largo de los siglos. La fachada, que ahora se ve asimétrica, con un campanario coronado por una cúpula, tal vez quedara rematada en origen por dos torres. Las cubiertas de madera del interior son fruto de una restauración de dudosa fidelidad. Sin embargo, la fuerza evocadora del lugar permanece intacta: en mitad del palmeral no costará mucho imaginarse el castillo árabe (cuyos restos pueden verse en la explanada) que Roberto Guiscardo derribó para construir la iglesia en 1071. Con el tiempo se le añadió una leprosería, de ahí el nombre.

La amarga historia de Maredolce

A pesar de los daños permanentes causados por la construcción de viviendas ilegales, que proliferaron entre las paredes del palacio y en el patio hasta hace no demasiados años, y a pesar de la fealdad de los edificios que lo rodean, el **Castello di Maredolce** conserva un atisbo de su antigua magnificencia. Su origen se remonta al s. x, cuando el emir Jafar creó una fortaleza en el Parco della Favara, del árabe *fawar,* que quiere decir manantial, en referencia a la gran abundancia de aguas de la zona. Posteriormente, el normando Roger II transformó el lugar en lugar de esparcimiento, rodeando el castillo por un lago artificial tan grande que parecía el mar, un mar dulce *(mare dolce).* Al soberano también se le debe la capilla. El patio es un evocador marco para la representación de espectáculos en verano.

Si después de la naturaleza del jardín botánico se quiere descubrir la fauna mediterránea, a pocos pasos se encuentra el **Museo di Zoologia Doderlein.** Desde 1862 alberga la colección de ejemplares de ictiofauna del dálmata Pietro Doderlein, que ocupó la cátedra de Zoología en la Universidad de Palermo. La exposición de peces conservados en seco o en líquido es muy impactante, con rarezas como el pez erizo, el tiburón pequeño dormilón o el peto (una especie de caballa gigante). También hay una vitrina con ejemplares prehistóricos y antiguos manuales de zoología.

CIRCUITO A PIE

Al fin, el mar

La ciudad, bautizada por los griegos como Panormos, que significa "todo puerto", surgió del abrazo con el mar. Sin embargo, debido a la arrogancia de los nobles primero, que construyeron grandiosos palacios a un paso de las olas, y a la explotación del litoral, después, la vida de los ciudadanos se fue alejando del azul místico del Tirreno. Hoy las cosas han cambiado: este itinerario permite comprobarlo.

INICIO	FINAL	DURACIÓN
Molo Trapezoidale	Mare Memoria Viva	3 km; 1 h

1 Molo Trapezoidale

El novísimo Molo Trapezoidale (p. 98) de Palermo es la elegante representación de la relación entre la ciudad y el mar. Tras escuchar el murmullo de las olas y antes de comenzar el paseo, se puede parar en **Morettino Coffee Lab,** que sirve cafés de origen único o mezclas procedentes de todos los rincones del globo.

2 El pequeño puerto de la Cala

La densa red de los mástiles de los veleros, la silueta solemne del monte Pellegrino recortada al fondo, el lánguido ir y venir de la gente que disfruta de la brisa cargada de sal... no es difícil comprender por qué la **Cala** es uno de los sitios más queridos de los palermitanos.

3 Deportes con vistas al mar

Si se viaja con niños o si se quieren compensar los excesos de la comida callejera con un poco de deporte, hay que parar en el **Parco della Salute,** que cuenta con un parque infantil y un gimnasio al aire libre. También hay relajantes espacios verdes, para quien considera que contemplar el mar es la actividad más saludable de todas.

4 Foro Italico

Según algunos, el paseo marítimo (p. 77) está demasiado urbanizado, si bien es cierto que los prados verdes y las vistas que se abren sobre el Tirreno reconectan de inmediato con la naturaleza. Si se va en bicicleta se pasará junto a los bolardos diseñados por el arquitecto Rota, que ahora están medio rotos. Aunque parecen bolos de colores, reproducen la silueta del busto de Leonor de Aragón que se expone en el cercano Palazzo Abatellis.

5 El antiguo pueblo costero

La elegante *trattoria* **Molo Sant'Erasmo,** punta de lanza de la remodelación en curso de Borgo Sant'Erasmo, ofrece a los palermitanos el placer de comer un pescado delicioso con el murmullo de las olas de fondo y el recuerdo de una época en la que las redes de pesca colgaban de las puertas de las casas. Al otro lado de la calle, el mural de Igor Scalisi Palminteri representa a san Erasmo con un chaleco salvavidas: hoy los santos salvan las vidas de los náufragos en el Mediterráneo.

6 En homenaje al mar

Por esta zona, el urbanismo de Palermo es más caótico, pero esta última etapa del paseo deja huella. En el antiguo y luminoso depósito de locomotoras al sur del Oreto, el **Ecomuseo Urbano Mare Memoria Viva** explica la relación entre la ciudad y el mar y su evolución a través de fotos, documentos, vídeos y gráficas de todo tipo.

Sugerencias de lugares para comer, beber y comprar en **p. 108**

Explora
Loggia (Vucciria)

El nombre de la Vucciria evoca inmediatamente la imagen del mercado, ese torbellino de frutas, verduras, carne y pescados que aún colean y que Guttuso inmortalizó en su célebre lienzo, antes de que los puestos quedaran reducidos a la mínima expresión. Sin embargo, el barrio, que surge del mar y que, con el nuevo Molo Trapezoidale y la Cala, recupera el vínculo con sus orígenes portuarios, es también el centro de las noches en las plazas más inconformistas de la ciudad. Aquí, al igual que en el resto del centro histórico, hay infinidad de palacios nobiliarios e iglesias y oratorios cuajados de algunas de las obras de arte más destacadas del barroco siciliano.

Cómo desplazarse

A pie

Como en el resto de los barrios del centro, la mejor manera de llegar a los sitios es a pie. En apenas unos minutos se llega a cualquier punto.

Autobús

Las líneas n.° 101 y 107 atraviesan la ciudad de norte a sur. La primera recorre Via Roma y la segunda, el paseo marítimo.

'Navetta'

Cala, Molo Trapezoidale y Museo Archeologico, con la gratuita *navetta arancione* del centro histórico se llega a los principales sitios de interés.

Puerto deportivo de la Cala (p. 103).
FROG DARES/SHUTTERSTOCK.COM ©

★

LO MEJOR

MOLO TRAPEZOIDALE
Donde se transforma la relación entre la ciudad y el mar (p. 98)

COMIDA CALLEJERA Y NOCHES DE FIESTA
En el antiguo emplazamiento del Mercato della Vucciria (p. 94)

MARAVILLAS DE SERPOTTA
En los oratorios del Rosario di Santa Cita y del Rosario di San Domenico (p. 96)

★ IMPRESCINDIBLE

Lo que queda de la Vucciria

El mercado multicolor inmortalizado por el pintor Renato Guttuso ya no existe y la animación popular que caracterizaba el barrio se ha desvanecido bastante. Pero eso no quiere decir que la zona donde antaño se colocaban los puestos y tiendecitas no siga siendo un lugar fascinante.

PLANO: P. 100 **D5**

CHIESA DI SANT'EULALIA
A un paso de Piazza Caracciolo, este templo hoy desacralizado destaca por su fachada de estilo plateresco, que parece atrapada por error entre dos edificios modernos. Hoy es la sede del español **Instituto Cervantes,** que organiza exposiciones y actos.

Comida callejera

Y pensar que en Palermo, para decir que una cosa nunca sucederá, se usaba la expresión *Quannu asciucanu i balati 'ra Vucciria,* es decir, "cuando se sequen los adoquines de la Vucciri", porque todos los días los mercaderes inundaban la zona. Hoy, en cambio, está casi seco. Entre los locales para turistas sobreviven una pescadería y algún que otro puesto que vende fruta y verdura o baratijas en Discesa dei Maccheronai. Eso sí, **Piazza Caracciolo** conserva algunos de los puestos de comida callejera más famosos de la ciudad. Está la pulpería, el **Panellaro Matto** (si no se localiza entre el gentío solo hay que seguir el olor a fritanga; preparan *panelle* y *cazzilli* al momento) y **Rocky Basile,** que sirve un *pani ca' meusa* de muerte, soltero o casado.

Las larguísimas noches de la Vucciria

No todos los viajeros (ni los residentes) se sentirán a gusto en el caos ensordecedor que envuelve la plaza por la noche, donde las peleas entre borrachos son habituales y el ambiente no es, ni mucho menos, relajante. Sin embargo, tomarse una copa en la **Taverna Azzurra,** una vieja taberna polvorienta que sirve *zibibbo* (moscatel) y vino de Marsala de barril, es algo imprescindible si se visita Palermo. **Ciwara** combina un ambiente con

FOTOKON/SHUTTERSTOCK.COM ©

aroma a especias con té, *djambé* y arte, un soplo de aire senegalés en pleno corazón de la esencia palermitana.

Piazza Garraffello y alrededores

Si uno anda apenas unas decenas de metros, la sensación de decadencia se acentúa aún más. En este espacio destartalado hay andamios que cubren infinidad de edificios y las paredes cubiertas de grafitis parecen el escenario vacío de un teatro urbano, a la espera de que llegue un nuevo director que decida el tipo de espectáculo que se programará. La preciosa **Fontana del Garraffello,** de 1591 (del árabe *gharraf,* "agua abundante") y el quiosco con la **estatua del Genio de Palermo** (p. 102) le dan un tono melancólico a la degradación de la zona.

PASEO POR EL BARRIO

Se puede empezar en Piazza San Domenico. La emblemática luminaria con la leyenda "La Vucciria" del inicio de Via Maccheronai sirve de introducción a los encantos del barrio.

★ IMPRESCINDIBLE

Las obras maestras de Serpotta

Entre finales del s. XVII y principios del s. XVIII, el célebre escultor Giacomo Serpotta decoró muchísimos lugares de culto de Palermo. Pero, para definir la grandeza de su legado, dos sitios destacan sobre los demás: el Oratorio del Rosario di San Domenico y el Oratorio del Rosario di Santa Cita.

PLANO: P. 100 **D3**

PARA COMPLETAR LA VISITA TEMÁTICA
En el barrio también se encuentra el **Oratorio di Santa Caterina.** Este lugar sagrado destaca igualmente por la decoración escultórica, pero, en este caso, no de Giacomo Serpotta, sino de su hijo, Procopio.

Entre estucos y maravillas pictóricas

El **Oratorio del Rosario di San Domenico,** cuya construcción se inició a finales del s. XVI, es un tesoro cuajado de maravillas pictóricas sin parangón, probablemente el más rico de toda la ciudad de Palermo. Los miembros de la Compagnia del Rosario, una cofradía laica vinculada a la orden dominica, contrataron a grandes artistas para decorar el edificio de nave única. Desde Pietro Novelli a Stoner, la representación de las escenas es un compendio de exquisiteces barrocas que culminan con la impresionante *Madonna del Rosario* (1628) de Anton van Dyck, que rinde homenaje a la figura de santa Rosalía y celebra el fin de la epidemia de peste de 1624. Casi un siglo después (1614-1617), Giacomo Serpotta fue contratado para finalizar el proyecto decorativo con una serie de estucos que dialogaran con los lienzos y amplificaran su mensaje teológico. Así, las estatuas de las virtudes y los altorrelieves con escenas bíblicas completan una composición asombrosa, tanto por la factura de cada una de las obras como por la uniformidad del proyecto.

La obra más asombrosa del artista

En el **Oratorio del Rosario di Santa Cita,** Giacomo Serpotta es el protagonista absoluto e

VIRAG NOBILE/SHUTTERSTOCK.COM ©

indiscutible de una impactante hazaña escultórica. Solo entrar, los estucos dejan con la boca abierta, por sus detalles y, sobre todo, por la expresividad de las figuras representadas en las paredes, que dan la sensación de estar rodeado por un público indiscreto. Una vez superada la primera impresión se podrá uno concentrar en la complejidad del programa iconográfico (1685-1690): partiendo de la pared del fondo, se verá la *Batalla de Lepanto* de 1571, cuando la Liga Santa, comandada por España, derrotó a los turcos, en la que la fantasía barroca del escultor explota toda su espectacular elocuencia. En las paredes, las escenas bíblicas, las estatuas alegóricas, los querubines y los angelitos lo cubren todo; en el altar mayor se ve una solemne desviación del arte inmaculado de Serpotta con la *Madonna del Rosario* pintada por Carlo Maratta (1699).

ENTRADA ÚNICA
Se podrá ahorrar si se compra la entrada combinada en ambos oratorios.

★ IMPRESCINDIBLE

Molo Trapezoidale

Si se había visitado Palermo antes de 2023, el Molo es la mayor novedad de la ciudad. Si no se ha estado nunca, se descubrirá su versión más moderna. En cualquier caso, esta zona recién renovada es una pieza imprescindible para comprender el polifacético mosaico de la Palermo contemporánea.

PLANO: P. 100 **G1**

HORARIOS DE APERTURA
Pasear por la zona del Molo Trapezoidale y escuchar el sonido del mar es maravilloso en cualquier momento, tanto a la luz del sol como a la de la luna. Sin embargo, hay que tener en cuenta que de noche está prohibido el acceso *(1.30-6.00 lu-ju, 2.30-6.00 vi-do).*

El centro histórico se reencuentra con el mar

Durante mucho tiempo, el norte de la Cala fue tierra de nadie, una vasta zona de astilleros y fábricas que durante décadas ha sido objeto de debate sobre la necesidad de rehabilitarla, suspirando por lo bonito que sería devolver a la ciudad un nuevo acceso al mar. Por eso, cuando se terminaron las obras, en el 2023, se celebró como un gran acontecimiento, capaz de diversificar la identidad marítima de Palermo y proyectarla hacia una dimensión urbanística más europea.

Restaurantes, fuentes e hidroalas

Palermo Marina Yachting es una zona de 3 Ha totalmente peatonal, con tiendas, la terminal de hidroalas, con su taquilla, y muchos restaurantes. Algunos palermitanos critican la falta de personalidad del proyecto, consagrado al comercio y la restauración no precisamente asequibles y sin arraigo con la historia de la ciudad. Sin embargo, es innegable que la zona es muy agradable y que el **Citysea Anfiteatro,** con sus 200 butacas, no es solamente un espacio arquitectónico futurista, sino un valioso lugar de reunión para la ciudad. La principal atracción es la fuente danzante llamada

WERNER LEROOY/SHUTTERSTOCK.COM ©

Marina, una de las más grandes de Italia. Además de por sus dimensiones y sus agradables juegos de luces, destaca por el paseo que la rodea, situado en un nivel inferior al agua.

Zona arqueológica

A espaldas del muelle, se descubre un cambio de escenario radical, con antiguas ruinas al sol y una torre achaparrada que domina los prados: es la torre del homenaje del **Castello a Mare,** construido para salvaguardar el puerto durante la dominación árabe (ss. IX-X). Se amplió posteriormente, en época de los virreyes, y a partir del s. XIX empezó su decadencia, primero por ser un símbolo del poder borbónico y después, por la necesidad de ampliar la infraestructura portuaria.

NO SOLO BELLO DE NOMBRE
A un paso del Molo ha abierto la sede palermitana del **Ostello Bello** en una vieja central eléctrica, con dos terrazas, un bar y un ambiente de fiesta continua.

A
B
C
D
1
2
3
4
5
6
Via Roma
Via Ottavio d'Aragona
Via Principe di Scordia
Via Fonderia Oretea
Via Onorato
Via Mariano Stabile
Via Carella
Via Bentivegna
Via Francesco Guardione
Via Cerda
Via Villaermosa
Piazza XIII Vittime
Via Rosolino Pilo
Via Narciso Cozzo
Piazza San Giorgio dei Genovesi
Via Camillo Benso Conte di Cavour
27
Museo Archeologico Regionale Antonino Salinas
42
Biblioteca Privata Itinerante Pietro Tramonte
12
Palazzo Branciforte
Teatro dei Figli d'Arte Cuticchio
13
14
11
Oratorio del Rosario di Santa Cita
Via Squarcialupo
Piazza Giuseppe Verdi
Via Bara all'Olivella
Chiesa di Sant'Ignazio all'Olivella
9
Piazza all'Olivella
Via Antonio Gagini
Via Valverde
Via Orologio
24
Oratorio di Santa Caterina
15
Palazzo delle Poste
Oratorio del Rosario di San Domenico
Via Giacalone
Via Giuseppe Patania
Via Monteleone
Radici-Piccolo Museo della Natura
10
Via Bambinai
45
36
Via Scarlatti
Via Trabia
35
Via Maqueda
Via San Basilio
Via Ugo Antonio Amico
Piazza San Domenico
1
Via Giovanni Meli
Via Donizetti
Via Bandiera
Palazzo Alliata di Pietratagliata
16
Via Ambra
Via Sant'Agostino
Via Bari
34
Via Roma
Via Maccheronai
Via Napoli
Teatro Biondo
17
Genio del Garraffo
3
Piazza Sant'Onofrio
Via Venezia
Vucciria (Piazza Caracciolo)
25
Chiesa di Sant'Antonio Abate
2
44
23
Via dei Candelai
Chiesa di San Matteo al Cassaro
41
Via del Celso
Via Maqueda
Vicolo Mori
Vicolo Paternò
8
Vicolo Marotta
Vicolo Ragusi
FPAC
19
39
40
Via Vittorio Emanuele
Via Roma

Via Alessandro Volta
Via Filippo Patti
Marina Yachting
Molo Trapezoidale
Via Francesco Crispi
Via Castello
Via Tavola Tonda
Via Cala
Via Giovanni Meli
Chiesa di Santa Maria La Nova
Via Materassai
Via dei Cassari
Cala
Chiesa di Santa Maria della Catena
Loggiato di San Bartolomeo
Corso Vittorio Emanuele
Via Butera
Piazza Marina
Giardino Garibaldi
Via Vittorio Emanuele
Via del Quattro Aprile
Vicolo Scopari
Via Alloro
Via Merlo
Piazza Borsa
Via Calascibetta
Via Lungarini
Via Francesco Riso
Via della Vetriera
Piazza Sant'Anna
Piazza Aragona
0
200 m

EXPERIENCIAS

Descubrir la solemnidad de una de las plazas principales de Palermo
PLAZA

PLANO: 1 P. 100 **C4**

Pocas plazas de Palermo tienen la solemnidad de **Piazza San Domenico,** venerable tanto por sus formidables dimensiones como por la presencia de la esbelta **Colonna dell'Immacolata.** Se remonta al tercer decenio del s. XVIII y está decorada con las estatuas de los cuatro arcángeles en su base y con la imagen de la Virgen en la parte superior, colocada de manera que se vea desde la ventana junto al altar mayor de la iglesia. Un buen lugar desde donde observar la columna y toda la plaza es el bar de la terraza del Rinascente, en el lado septentrional de la misma.

La sensación de grandeza continúa al contemplar la **Chiesa di San Domenico,** con su rimbombante fachada decorada con ricas esculturas y dos imponentes campanarios. En el interior, la música clásica de fondo reconforta a los fieles y acompaña el reposo de los palermitanos ilustres que, desde 1840, han sido enterrados en este panteón, entre ellos Francesco Crispi y Giovanni Falcone. La cuarta capilla a la derecha, especialmente opulenta gracias a los mármoles y a una estatua de Antonello Gagini, es una erudita introducción a los logros barrocos de la ciudad.

Un milagro siempre se agradece
LUGAR DE CULTO

PLANO: 2 P. 100 **D5**

Tras largos años cerrada, la **Chiesa di Sant'Antonio Abate** ha sido devuelta a los palermitanos desde hace un tiempo. Elevada con respecto a Via Roma, se encuentra al lado de la escalera que sube a la Vucciria. Se remonta al s. XIII, aunque de la estructura original tan solo se conserva la planta de cruz griega, típica de la arquitectura bizantina. Teniendo en cuenta que su interior es, artísticamente, menos rico que otras iglesias de la ciudad, y que la visita es de pago, tal vez se prefiera admirar tan solo su fachada neogótica, con las estatuas de Pedro y Pablo en la entrada, que corresponden a la restauración del s. XIX (a causa de un terremoto). Sin embargo, las cosas cambian si se necesita algún tipo de ayuda sobrenatural. Se dice que el busto del s. XVIII del Ecce Homo de la nave derecha, veneradísimo por muchos palermitanos, tiene poderes curativos. Justo al lado de la iglesia se alza la Torre Civica, del s. XIV, ideal para ver la Vucciria desde arriba.

Descubrir el rostro del Genio de Palermo
SÍMBOLO

PLANO: 3 P. 100 **D5**

Mientras se pasea por Palermo, en varios lugares se verá a un señor anciano, de barba larga y cabello ceñido por una corona, sentado en un trono y rodeado por una serpiente que se alimenta de su pecho. Es el protector de la ciudad, testimonio de la antigua espiritualidad pagana: el Genio de Palermo. De entre las numerosas representaciones, la más conocida es la estatua del **Genio del Garraffo,** escondida en un quiosco que hay en Piazzetta Garraffo/Vicolo Paterna, en pleno corazón de la Vucciria, que data de 1483.

Fotografiar una iglesia marinera

LUGAR DE CULTO

PLANO: 4 P. 100 **G4**

Pequeña, elevada y a un paso de la Cala, **Santa Maria della Catena** es una iglesia extremadamente fotogénica y, por tanto, muy codiciada para la celebración de bodas. El nombre recuerda, por un lado, la cadena que los árabes colocaron para cerrar el puerto, que iba hasta el Castello a Mare y, por otro, la capilla votiva dedicada a la Virgen de la Cadena que se alzaba aquí antes de la construcción de la iglesia (s. XVI). En caso de indecisión de si entrar o no (hay que pagar), se avisa de que su interior no tiene nada digno de mención, salvo un interesante fresco de estilo bizantino en la segunda capilla a mano derecha. Es mucho más interesante la fachada, que funde el gótico catalán de la logia con los arcos rebajados y las decoraciones renacentistas de los portales.

Un paseo entre veleros

PUERTO DEPORTIVO

PLANO: 5 P. 100 **F4**

Soñadores tumbados en el césped, pescadores imperturbables, corredores, parejitas de enamorados... el paseo que recorre el bosque de barcas de la **Cala,** el puerto deportivo turístico de la ciudad, es un lugar maravilloso para pasar el atardecer, cuando afloja el calor del sol y sobre Palermo desciende una deliciosa languidez. Hay también

ANTES ERA...

La historia del barrio comienza en el mar, en una profunda ensenada que, desde siempre, ha sido lugar de desembarco para navegantes: el puerto de la Cala. Alrededor del puerto se establecieron comerciantes llegados de todas partes (Pisa, Génova, Amalfi, Cataluña, etc.), que empezaron a construir tiendas, posadas, iglesia y, sobre todo, galerías porticadas destinadas a los comercios. De allí proviene el nombre oficial del barrio, La Loggia, aunque también es muy común el topónimo Castellammare por la presencia desde el s. XII de un gran castillo. En cuanto a la Vucciria, el mercado que todo el mundo asocia a las *abbanniate,* al pescado y a la esencia puramente siciliana, su nombre tiene sangre azul francesa. De hecho, proviene de la palabra francesa *boucherie* ("carnicería"), porque durante la época angevina lo que más se vendía en sus puestos era carne.

dos bares, uno en cada extremo de la bahía, por si se quiere tomar algo mientras se respira la brisa salada. En el lado norte se encuentra la instalación del Ape, llena de cajas de fruta apiladas y que, en origen, era blanca (hoy está llena de grafitis). Está dedicada a Andrea di Marco, el artista que concibió la obra, pero que, al morir de manera prematura, no llegó a llevarla a cabo; en el lado sur hay un mural que reinterpreta la famosa foto de los jueces Falcone y Borsellino, ambos asesinados por la mafia, un homenaje de la Associazione Nazionale dei Magistrati, y de toda la comunidad a los dos grandes héroes de la ciudad.

Un aperitivo especial BAR

PLANO: 6 P. 100 **H3**

Hay quien se lamenta por los precios, más altos que la media, o por el ambiente, tal vez caótico a pesar de la seriedad del público, pero no hay duda de que **Nauto** es un lugar único en Palermo; en ningún otro sitio del centro se podrá tomar una copa en una playa de verdad, por muy pequeña y rodeada de cemento que esté. Y, además, está la parte del jardín, por encima, donde casi todas las noches de verano hay conciertos o se organizan exposiciones, actuaciones o sesiones de DJ.

Deambular por iglesias poco frecuentadas LUGARES DE CULTO

Más allá de los lugares más populares, en el barrio se concentran algunas iglesias que satisfarán a los amantes del arte. La **Chiesa di Santa Maria La Nova** (PLANO: 7 P. 100 **E4**), por ejemplo, se comenzó a construir en el s. XVI, pero diversos problemas prolongaron las obras durante décadas, lo que dio lugar a una llamativa mezcla de estilos. La elegante fachada gótica catalana presenta un pórtico de tres arcos, que se corresponden, en el interior, con tres naves que convergen en el ábside octogonal. En las capillas laterales hay estucos de la escuela de Serpotta. La **Chiesa di San Matteo al Càssaro** (PLANO: 8 P. 100 **C6**), en cambio, es un compendio del arte barroco palermitano gracias a las estatuas de Serpotta y los lienzos de Novelli. En su inquietante tumba están enterrados, además de los frailes, Vito D'Anna (que, por cierto, es el autor de los frescos de la cúpula) y Giacomo Serpotta, y existe una oscura leyenda que afirma que, entre los armarios de la sacristía se esconde un pasadizo secreto usado por los Beati Paoli (una sociedad secreta palermitana) para moverse a escondidas por la ciudad. Por último, merece una mención la **Chiesa di Sant'Ignazio all'Olivella** (PLANO: 9 P. 100 **B3**), construida en el lugar donde vivió la familia de santa Rosalía. El interior destaca por sus espléndidos suelos de mármol, sus ricas decoraciones con incrustaciones polícromas y los estucos de Marabitti del antiguo oratorio.

MARAVILLAS DE LOS LIBROS

Paseando por las callejuelas del barrio se llegará a una zona con decenas de librerías y estanterías al aire libre, en un escenario a medio camino entre una película surrealista y la ilustración de un libro infantil. Se trata de la **Biblioteca Privata Itinerante 'Pietro Tramonte'** (PLANO: 11 P. 100 C3), que recibe el nombre del contable bibliófilo que la creó en el 2013. Desde entonces, gracias a las donaciones de otros palermitanos, el núcleo primigenio de 5000 libros ha seguido creciendo, estante tras estante, hasta convertirse en una auténtica atracción de la ciudad. Los libros se pueden consultar, intercambiar o comprar, siempre que estén en movimiento y también se regala un libro a todo el que acuda el día de su cumpleaños. En el 2020 estuvo a punto de cerrar por irregularidades administrativas, pero las movilizaciones para mantenerla viva fueron tan vehementes que se encontró una solución. Así las cosas, Pietro ha podido volver a ofrecer poemas autografiadas a sus lectores.

Un museo pensado para los niños — MUSEO

PLANO: 10 P. 100 C4

En el local de una histórica papelería del barrio, **Radici-Piccolo Museo della Natura** es un nuevo museo dirigido a los más pequeños –que también disfrutarán los mayores– para promover el pensamiento ecológico. El recorrido multisensorial ahonda en múltiples aspectos de las ciencias naturales, desde la vida de las plantas hasta la de los océanos. También hay una agradable cafetería para desayunar antes de la visita.

Dejarse sorprender por un magnífico palacio entre la historia y la actualidad — MUSEO

PLANO: 12 P. 100 C2

Realzado gracias a la restauración de la superestrella de la arquitectura Gae Aulenti, el **Palazzo Branciforte** fue símbolo de nobleza y miseria a la vez. Construido a finales del s. XVI, se convirtió en una de las residencias patricias más majestuosas de la ciudad y, a partir de 1801, se utilizó como sede del Monte de Piedad. Las estancias más interesantes del complejo son, precisamente, las amplias salas con esbeltas estructuras de maderas donde los palermitanos hambrientos empeñaban sus viejas ropas; en una parte de las estanterías, hoy vacías, se exponen marionetas de Cuticcio, que incluyen personajes cómicos y grotescos. Tampoco pasa desapercibida la colección arqueológica de la Fondazione Sicilia, expuesta en la gran sala a la derecha del vestíbulo, con unos 50 000 hallazgos, entre los que hay vasijas y ajuares funerarios y, en la pequeña sala a la izquierda del vestíbulo, la colección de azulejos. Por último, en el 1er piso se encuentran la hermosa biblioteca y las colecciones de monedas, sellos y escultura del s. xx, con obras de Manzù, Fontana y Mitoraj.

El palacio también congrega a los amantes de la buena cocina. En el claustro cubierto se encuentra una de las sedes de la escuela de formación de la Città del Gusto del Gambero Rosso, mientras que el Ristorante Branciforte es un destino predilecto de *gourmets.*

Asistir a una obra de marionetas

MARIONETAS

PLANO: 13 P. 100 **A3**

Mimmo Cuticchio es un señor de aspecto mitológico, con barba y cabello blancos y gran pasión por la narración, que ha renovado la tradición de las marionetas, contaminándola con otras artes, como el cine, por ejemplo. El **Teatro dei Figli d'Arte Cuticchio** es una parada obligatoria para todos los que quieran revivir el esplendor de esta tradición, así como para quienes estén interesados en sus variantes e innovaciones. Para conocer los horarios de los espectáculos hay que consultar el calendario de la web *(www.figlidartecuticchio.com).*

Visitar un museo arqueológico sensacional

MUSEO

PLANO: 14 P. 100 **B3**

El **Museo Archeologico Regionale Antonino Salinas** no solo interesará a los apasionados de la materia, sino también a los viajeros con un interés menos acusado por las inscripciones, cerámicas y capiteles antiguos. Eso se debe a que se halla en un antiguo convento de padres filipinos, con un claustro precioso y unas salas amplias y recién renovadas. Se descubrirá que la vocación multicultural que caracteriza a Palermo tiene unos orígenes antiquísimos gracias a los hallazgos escritos en lengua fenicia, élima, griega, latina o egipcia. Y entre el tesoro de sarcófagos romanos, las estatuas de hombres con togas, las joyas y las cráteras con figuras rojas y negras, el visitante quedará hipnotizado por los restos de la antigua colonia griega de Selinunte, sobre todo por las escenas esculpidas en las metopas de los templos, que abren una brecha temporal en la imaginación y permiten descubrir la evidente evolución estilística entre el s. vi a.C y el v a.C., mientras que el ágora (sede de conciertos y acontecimientos varios) alberga la reconstrucción del frontón del templo C, con una terrorífica máscara de Gorgonas.

No solo para quien necesita enviar una postal

PALACIO

PLANO: 15 P. 100 **C3**

El majestuoso paralelepípedo blanco del **Palazzo delle Poste** (Correos) no pasa desapercibido, con la gigantesca columnata que da a la fachada pintada de rojo. Diseñado en la década de 1920 y construido en 1934, por fuera es un modelo de arquitectura fascista, mientras que el interior guarda una especie de museo del futurismo. Entre las pinturas destacan los cinco lienzos de Benedetta Cappa (esposa de Filippo Tommaso Marinetti), que encajan armoniosamente en el diseño sobrio y lineal de los espacios, dominado por una preciosa escalera helicoidal. Por desgracia, como es la sede de la oficina de correos, aunque se puede entrar a echar un vistazo no se puede acceder a las salas (salvo en ocasiones especiales, como las Vie dei Tesori).

Conocer a una noble auténtica

PALACIO NOBILIARIO

PLANO: 16 P. 100 **C4**

No todos los días se tiene la oportunidad de charlar con una noble. Al visitar el **Palazzo Alliata di Pietratagliata** se podrá vivir esta aristocrática experiencia y conocer a la princesa Signoretta Alliata, que vive allí junto a Biagio Licata, príncipe de Baucina, en un raro ejemplo de continuidad habitacional (desde 1497 hasta hoy). Por fuera, el edificio tiene un aspecto austero, con una alta torre almenada que inspira respeto, mientras que los interiores están a la altura de las pomposas expectativas del rango de los propietarios, con frescos de Vito D'Anna, techos artesonados, sillones de aspecto medieval, armaduras y una lámpara de Murano del s. XVIII, con más de 100 bombillas.

Una noche en el teatro

TEATRO

PLANO: 17 P. 100 **C5**

El **Teatro Biondo,** que entre sus muchos méritos tiene el de haber llevado de vuelta a la ciudad a Emma Dante, hoy "artista principal invitada" tras años de ostracismo en su tierra natal, ofrece una rica programación y organiza también una temporada veraniega con sede en la Villa Filippina. Fue construido por los hermanos Biondo para satisfacer los gustos de la burguesía, después del Politeama y el Massimo, y lo diseñó Nicolò Mineo en estilo clásico con algún que otro detalle de estilo *liberty*.

ESPACIOS DE EXPOSICIÓN

Loggiato di San Bartolomeo

PLANO: 18 P. 100 **H3**

Desde el mar (o, de manera menos solemne, desde el Parco della Salute) destacan aún las dos galerías del hospital construido por la cofradía de San Bartolomé en las primeras décadas del s. XVIII. La estructura se incorporó después a un edificio moderno que hoy alberga interesantes exposiciones y muestras temporales.

FPAC

PLANO: 19 P. 100 **C6**

La sede palermitana de la Galleria Francesco Pantaleone de Milán organiza muestras de arte contemporáneo internacional. Destaca también su ubicación, justo en los Quattro Canti.

SUGERENCIAS

Lo mejor para...

€ Económico €€ Medio €€€ Alto

Localizaciones en el plano de la p. 100

Comer

Comida callejera

Rosticceria Ganci €
20 E3
Tiene más de una ventaja: está frente a la Cala, es económico, satisface el antojo de dulce y de salado y lo hace 24 h, por lo que es perfecto para cuando entra el gusanillo de noche. Las *arancine* no son su especialidad, es mejor pedir *ravazzate* o *pizzette,* o bien los productos recién horneados. Aunque el local se ha ampliado, se recomienda pedir para llevar a menos que se quiera comer con luz fluorescente incluso de día. *Siempre abierto*

Pani ca' Meusa Porta Carbone €
21 G4
Inaugurado nada menos que en 1943, este pequeño local sigue siendo un punto de referencia para comer *pane con milza* en un local más limpio que los puestos callejeros, pero sin renunciar al sabor. *diario 7.00-22.00*

Al Chiosco della Frutta €
22 F4
Mencionar la fruta en la patria de la *meusa,* las *panelle* y la *stigghiola* puede parecer una herejía de los fanáticos de lo saludable; sin embargo, bajo el sol estival, el espejismo de un batido o un plato gigantesco de fruta variada (con el de 5 € comen dos personas) puede resultar muy tentador; sentado en las mesas de plástico de este quiosco frente a la Cala, se disfrutará de la versión vitamínica de la comida callejera. *Diario, también de noche en verano*

Passami U Coppu €
23 D5
El local recuerda el folclore más colorido en su decoración y la tradición más auténtica en su oferta gastronómica, desde las frituras hasta el *panino ca' meusa,* pasando por el *coppu* (cartucho) de pescado. También hay *panino* con gambas y pesto de pistachos. Tiene otro local en Via Maqueda 240/242 y otro en el Molo Trapezoidale. *www.passamiucoppustreetfood.it; diario, también de noche*

Fud €
24 B3
El nombre es en inglés macarrónico, como todo en este local, desde el *uelcom* que se da a sus clientes. Su cocina, sin embargo, no es nada descuidada, sino que replantea en clave *slow* el símbolo de la comida rápida, la hamburguesa, preparada con ingredientes locales y de calidad. También se ofrece una discreta selección de ensaladas. Para beber, cerveza artesana siciliana. Tiene una bonita terraza en Piazza Olivella. *www.fud.it; diario en horario continuo*

'Trattorie', bistrós y restaurantes

Ferro di Cavallo €
25 C5
Entre paredes rojas con cuadros inverosímiles,

que van desde los estereotipos más *kitsch* de duelos entre espadachines a creaciones pseudoartísticas, o bien en la terraza, a un nivel inferior a la calle, se podrá disfrutar de cocina tradicional, digna y abundante a precios bajos. Abarrotado de turistas y palermitanos, con un servicio lento y brusco. *almuerzo lu y ma, almuerzo y cena mi-sa*

Ecologica €

26 E4

Bonita tienda de alimentación que, además de vender productos ecológicos, ofrece platos vegetarianos y sin gluten en el pequeño bistró anexo. Las mesas al aire libre son muy agradables y los zumos naturales, excelentes. *www.ecologica-palermo.it; almuerzo diario, cena vi y sa*

Grano Granis €€

27 B2

Pequeño y sencillo restaurante regentado por una familia. El plato estrella son los *riccioli alla palermitana,* con pez espada, berenjena, tomates cherry y pistachos, aunque no faltan otros clásicos de la cocina siciliana y también deliciosos híbridos, como el *risotto* con flores de calabaza y gambas. Muchos platos tienen versión sin gluten. *ma cerrado*

Casa del Brodo – Dal Dottore €€

28 E5

Bonita *trattoria* en funcionamiento desde 1890, cuando era frecuentada por los vendedores ambulantes del mercado. El nombre Dal Dottore proviene de la generosidad de su propietario, que nunca negaba a nadie un plato de caldo. Y el caldo, en el que nadan apetitosos *tortellini,* también se encuentra en la carta actual, junto a platos de pescado y carne. El local parece una casa antigua, repleta de cuadros, platos y fotografías. *www.casadelbrodo.it, solo cenas, ma cerrado*

Ciurma €€€

29 H1

Uno de los restaurantes del nuevo Molo Trapezoidale. Destaca por su ambiente alegremente marinero y su ubicación privilegiada junto al agua. En la carta, además de platos sicilianos tradicionales, asoman *panini di pesce* y tentadoras propuestas de *sushi. www.ciurmapalermo.it; diario*

Porto Costanza €€€

30 H1

Otra opción en el Molo Trapezoidale, con una ubicación elegante y una terraza con vistas al mar, ideal para declaraciones de amor apasionadas. La carta también es convincente, con platos creativos y una buena relación calidad-precio. *www.portocostanza.com; diario*

Restaurantes gastronómicos

Radici – Territorio e Cucina €€€

31 E4

El encanto del lugar es innegable, con las mesas colocadas en un callejón diminuto, ideal para una cena íntima o romántica. La carta también tiene sus tentaciones, con una buena alternancia de platos de carne y pescado, en su mayoría arraigados en el territorio (de ahí su nombre) y alguna que otra salida creativa. La carta cambia según la estación. *www.radicipalermo.it; cena ma-do, también almuerzo do*

Aja Mola €€€

32 E4

El ambiente mediterráneo y moderno, que combina una sensibilidad minimalista con un ambiente náutico, refleja el alma de la cocina. Aquí todo gira en torno al pescado, muy fresco, que se acompaña de vinos naturales y se prepara en platos atrevidos y creativos. El nombre recuerda la frase ritual de los pescadores cuando comenzaban la matanza del atún. *www.ajamolapalermo.it; diario*

Gagini Restaurant

€€€

33 E4

El lugar donde Antonello Gagini esculpía sus obras en el s. XVI no podía sino albergar un restaurante consagrado a la investigación creativa. La estrella Michelin certifica la excepcionalidad de una de las propuestas gastronómicas más famosas de Sicilia. *www.gaginirestaurant.com; ma-do*

Beber

Cócteles y vinos

Mak Mixology

34 B5

Las pesadas cortinas rojas de los escaparates recuerdan a un telón y, al cruzar la entrada es posible dudar de si se ha entrado por error en el decorado de una obra de teatro ambientada en la década de 1930: los objetos modernistas, como el magnífico gramófono, y la música *swing* de fondo (siempre que no haya espectáculos en directo) transforman una época lejana en una realidad actual. Ayuda también, la ubicación, en la Galleria delle Vittorie, una de las pocas galerías comerciales que existen en Sicilia, renacida tras años de abandono y con una magnífica cubierta de cristal y metal. Una vez ambientados hay que prepararse para saborear un cóctel de impecable preparación. *Diario desde 18.00*

Fabbrica 102

35 C4

Uno de los locales más interesantes del centro por su acertada combinación de ambiente industrial y camaradería, además de por su oferta eno-gastronómica. Recomendable desde el *aperitivo* hasta después de la cena. *ma cerrado*

Ferramenta

36 D4

En parte coctelería, en parte restaurante con una cuidada selección de vinos, mantiene vivo el recuerdo de la ferretería que hubo antes en el local, tanto por el nombre como por la decoración o la carta de cócteles. Se recomienda el *giramaschi,* a base de bourbon, jengibre y ginger ale. *ma-do*

A' Cala

37 G3

Con su espléndida ubicación en la Cala, se entendería que fuera un local muy popular aunque sirviera *aperitivos* pésimos. Sin embargo, es un sitio de fiar que se caracteriza por una cierta elegancia minimalista. También se puede cenar. *Diario*

Comprar

Librerías

Libreria del Mare

38 G4

El lugar perfecto para los auténticos lobos de mar es una espectacular librería delante de la Cala, en cuyo techo nadan libros azules y donde se podrá encontrar cualquier texto sobre temas náuticos. Suelen organizar exposiciones interesantes. *lu-sa*

Artesanos

Lo Studiolo

39 C6

Los amantes de la combinación entre arte, compromiso social e ironía apreciarán las obras de Antonio Curcio, que pinta sobre materiales reciclados (sobre todo baldosas y terracotas) imágenes de una Palermo alejada de los estereotipos: callejones con paredes llenas de grietas, puertas tapiadas o reproducciones de obras de arte callejero. *lu-sa*

Spazio a Tempo

40 C6

Un rincón de diseño que reinventa la singularidad palermitana y recrea, en figuras pop, las imágenes de iconos tradicionales, como Federico II o santa Rosalía, o bien usando fotos de azulejos para adornar las joyas. También venden plantas suculentas. *lu-sa*

Recuerdos, telas y ropa

Siculamente

41 D6

Ha actualizado los lugares comunes de lo siciliano, la boina, los juegos de cartas, los modismos... Todo con diseños pop divertidos. Es el sitio ideal para comprar un recuerdo o una camiseta especial. *www.siculamente.it; diario*

Officine Achab

42 B2

Esta tienda, de mirada internacional, ofrece una cuidada selección de artículos de diseño, desde ropa a accesorios o artículos de decoración para casa. La oferta es poco convencional, una mezcla entre productos de fabricación propia y marcas extranjeras, entre los que destacan los tejidos de Marimekko, la conocida marca finlandesa. *lu-sa*

Colori del Sole

43 F5

El nombre no engaña y lo que invita a curiosear en la tienda son, precisamente, los coloridos diseños, inspirados en su mayoría en la iconografía tradicional de la isla pero interpretados en clave pop y estampados en toallas de playa, manteles, bolsos, gorras y accesorios de todo tipo. La empresa, que tiene más puntos de venda por la isla, tres de ellos en Palermo, confía en la creatividad de los artistas sicilianos. *www.coloridelsole.com; ma cerrado*

Magazzini Anita

44 B5

El reino de los nostálgicos, que encontrarán prendas *vintage* con la etiqueta aun colgando y podrán renovar todo su guardarropa combinando zapatos (con una gran oferta) con bolsos y joyas. Es una tienda elegante, pero acogedora y, en la parte de atrás, tiene una estancia con ofertas. *lu-sa*

Antonino Amato Argenteria

45 D4

Detrás de San Domenico se encuentra la zona de las platerías y joyerías. Entre la profusión de tiendas, la de Amato destaca por su ubicación, en el interior del antiguo Palazzo Pantelleria. *do cerrado*

Sugerencias de lugares para comer, beber y comprar en **p. 128**

Explora
El Capo

El Capo tiene dos epicentros: al suroeste, en el antiguo Càssaro, la catedral atestigua la grandeza política y religiosa de Palermo desde la Edad Media hasta hoy; en el extremo opuesto, donde el centro histórico empieza a diluirse en la modernidad, se encuentra el gigantesco Teatro Massimo, testigo de la pompa de la ciudad a finales del s. XIX. En el centro, estalla el caos del pintoresco Mercato del Capo, entre iglesias de gran belleza barroca, museos que se enfrentan a las páginas más tristes de la historia de la ciudad y callejones oscuros donde aún se siente la presencia de los Beati Paoli.

Cómo desplazarse

A pie
Aunque se camine con toda la calma del mundo no se tardará más de 12 min en ir de la catedral al Teatro Massimo.

Autobús
Los autobuses que atraviesan el barrio y lo comunican con otras áreas de la ciudad son los n.° 104, 108, 110, 118 y 124.

'Navetta'
La gratuita *navetta arancione* pasa por delante del Teatro Massimo y por detrás de la catedral (Via Bonello).

Techo de la sala del Teatro Massimo (p. 120).
EDUARD VALENTINOV/SHUTTERSTOCK.COM ©

★

LO MEJOR

CATEDRAL
Un entramado de almenas, torres, cúpulas, columnas y estatuas (p. 116)

TEATRO MASSIMO
Un corazón *liberty* escondido tras una fachada neoclásica (p. 120)

MERCATO DEL CAPO
No es tan famoso como el de Ballarò pero, sin duda, es igual de evocador (p. 114)

CIRCUITO A PIE

Entre los puestos del Capo

Aún hoy, los mercados de Palermo son el lugar de donde brota la energía interior de la ciudad. Y en el Mercato del Capo, más que en cualquier otro, el sol y los colores de Sicilia parecen encarnarse en las frutas y los alimentos que se ofrecen en los puestos, mientras que detrás de las cajas cargadas de mercancías se asoman tesoros artísticos y lugares que cuentan fascinantes historias.

INICIO	FINAL	DURACIÓN
Porta Carini	Piazza del Monte di Pietà	600 m; 30 min

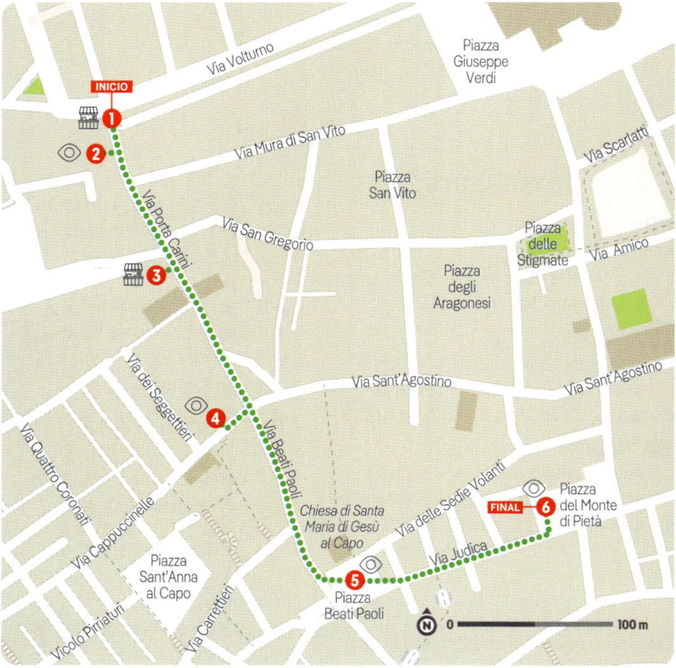

1 Porta Carini

Es la puerta de entrada a los triunfos gastronómicos del mercado de finales del s. XVIII, aunque su origen es mucho más antiguo. Los documentos indican con certeza que ya existía en 1310. Lo que ya no es tan seguro es que en ese mismo siglo se apareciera allí santa Águeda, una creencia que ha reforzado el vínculo entre el monumento y los palermitanos. Desde la puerta partía la carretera hacia Carini, de ahí su nombre.

2 Historias de vecinos del Capo

Una vez se cruza la puerta hay que echar un vistazo entre la multitud que rodea los puestos de pescado y curiosea en el patio del nº 70 en busca de dos inscripciones inusuales: una recuerda a don Gaetano Vitale, que en la década de 1940 salvó a muchos niños de la desnutrición vendiendo la leche de sus burras a bajo precio (en lugar de venderla de contrabando en el mercado negro); la segunda, muy diferente, rinde homenaje a Cosimina Scimone, quien dejaba sin aliento a la gente que pasaba por su gran belleza.

3 Comida callejera y televisión

Se vuelve a los puestos del mercado para oler el aroma de los cítricos (los vasos de zumo cuestan 1 €) mezclado con el de las verduras y el pescado fritos, y luego se para en Dainotti's, premiado por el chef Alessandro Borghese en el popular programa televisivo italiano *4 Ristoranti*. Después de tanta comida hay que darse un atracón de barroco en la Chiesa dell'Immacolata Concezione (p. 126).

4 La 'pupa' y la monja

Se gira por Via Cappuccinelle para rendir homenaje a una diosa pagana: la *pupa* del Capo, una Deméter de aspecto *belle époque*, con una corona de espigas, que parece haber robado todo el oro de los cuadros de Gustav Klimt, representada en un mosaico que decora el Panificio Morello, ya cerrado. Cuando se escribió esta guía, el mosaico había sido sustituido por un cartel, a la espera de la renovación del edificio. Si se pasa por allí por la noche hay que fijarse bien por si aparece el fantasma de la monja en el campanario de la Mercede (p. 126), justo enfrente.

5 Piazza Beati Paoli

Este es el corazón del territorio de los Beati Paoli, la sociedad secreta que, según la leyenda, robaba a los ricos para dárselo a los pobres, cual unos Robin Hood a la siciliana. En la plaza dedicada a ellos, la **Chiesa di Santa Maria di Gesù al Capo,** del s. XVII, custodia el paso al mundo subterráneo en el que actuaba esta misteriosa secta en el s. XVIII.

6 Piazza del Monte di Pietà

Aquí se podrá ver la capilla votiva dedicada a santa Rosalía más antigua de la ciudad, objeto de gran fervor. Se dice que un milagro la salvó del bombardeo que arrasó el palacio entero en el que se encontraba. Fue trasladada a la plaza y es el centro del Festinello, la versión en el Capo del Festino (p. 24).

★ IMPRESCINDIBLE

Cattedrale di Santa Maria Assunta

La exótica maraña de cúpulas, torres y almenas remite a la extraordinaria época árabe-normanda. Los portales y el pórtico del s. XV, las cúpulas laterales cubiertas de azulejos y los arcos puente entre la iglesia y el campanario se construyeron en siglos posteriores, completando una apasionante epopeya arquitectónica.

PLANO: P. 122 **E6**

ENTRADAS
La visita al interior de la catedral es gratis, pero para ver los techos, la cripta, el Tesoro, las tumbas y el Museo Diocesano hay varios tipos de entradas.

Escanea este código QR para más información práctica.

La arquitectura

Por la mañana, la luz que llena la catedral de vibrante dulzura parece ampliar desmesuradamente su imponencia; con la oscuridad, en cambio, las proporciones se confunden, sombras silenciosas cubren con un velo de misterio las antiguas piedras y el edificio parece una visión onírica en el aire nocturno. El lugar de culto más importante de Palermo cautiva a primera vista y a cualquier hora del día cuando se pasa frente a él por Via Vittorio Emanuele. Desde el punto de vista arquitectónico es un edificio fuera de lo común, y no solo por sus imponentes dimensiones. Si no fuera por la cúpula, construida en época neoclásica, la catedral se parecería más a un palacio fortificado que a una iglesia. Y su historia también es notable: fue encargada por el arzobispo Gualtiero Offamilio y se terminó en el año 1185, casi al mismo tiempo y en oposición total a la catedral de Monreale (la sede episcopal escogida por el rey Guillermo II). Desde su construcción se convirtió en la sede de las ceremonias más importantes del reino. A finales del s. XVIII se realizaron modificaciones significativas en la estructura original.

Antes de entrar por el pórtico tardogótico (1453) se pueden admirar las tallas de estilo islámico que

ALIAKSANDR MAZURKEVICH/DREAMSTIME.COM ©

hay por encima de los arcos y que forman el árbol de la vida y, en el tímpano, los relieves que representan a Dios bendiciendo, a los ángeles tocando instrumentos y a la Anunciación. En la primera columna a la izquierda del pórtico hay grabada una sura del Corán, todo lo que se conserva de la mezquita que antes había aquí. Al final de la visita se recomienda dar toda la vuelta al edificio hasta llegar a Piazza Sett'Angeli, desde donde se podrán admirar las decoraciones geométricas de los ábsides.

El interior

A pesar de que las remodelaciones neoclásicas no son muy interesantes, hay varias razones de peso para detenerse a curiosear en las capillas laterales: los lienzos de Novelli y D'Anna, fragmentos de una tribuna de mármol perdida de Gagini o la delicadísima *Madonna* (1469) de Francesco Laurana. Para

CAFÉ CON VISTAS

En las mesas del **Bar Marocco** (p. 55) se puede hacer una pausa con el espectáculo de la catedral justo enfrente.

vivir la experiencia completa hay que comprar la entrada que permite el acceso al resto de salas. Entre la profusión de cálices, mitras, relicarios, ostensorios, paramentos de altar y una estauroteca –con su correspondiente fragmento de la Vera Cruz– que conforman el **Tesoro,** con infinidad de representaciones de santa Rosalía, destaca por encima de todo la corona de Constanza de Aragón, una pieza de oro, plata, esmaltes, perlas y piedras polícromas de extraordinario valor de principios de s. XIII. El candelabro para el cirio pascual del s. XII de la zona del coro también es muy valioso. La cripta, por su parte, embriaga con su ambiente solemne y por la sucesión de tumbas de los arzobispos palermitanos, en una gran variedad de estilos escultóricos. Entre los sarcófagos medievales y modernos se pueden ver, incluso, algunos ejemplares de época romana, entre ellos uno con Apolo y las Musas.

Los techos y las tumbas

Las vistas panorámicas de la ciudad, que se extienden hasta el mar, son la principal razón para subir los cientos de escalones (si se tiene claustrofobia tal vez sea mejor no hacerlo). La posibilidad de admirar de cerca algunos detalles decorativos de los laterales y las torres también compensa el esfuerzo de subir. La visita concluye en la capilla donde se encuentran las tumbas de pórfido rojo de algunos miembros de la familia Altavilla, entre ellos, Federico II. Artísticamente no son obras memorables, pero si se tiene un mínimo de sensibilidad histórica, el lugar donde reposan los restos mortales de una de las figuras más importantes de la historia local, el nieto del rey de Sicilia Roger II e hijo de Costanza di Altavilla, transmite una sensación de solemnidad.

Las colecciones del Museo Diocesano

Junto a la catedral y conectado por dos arcos ojivales se encuentra el palacio arzobispal, que alberga el **Museo Diocesano** (PLANO: P. 122 **D6**), distribuido en

PARA APASIONADOS DEL ZODÍACO

En el interior de la catedral hay que fijarse en el reloj de sol del suelo, obra del astrónomo Giuseppe Piazzi de 1801, gracias al que se podrá descubrir en qué signo se está. Hay que entrar a mediodía (el real, hay que tener en cuenta que puede diferir de la hora), mirar la línea que hay en el suelo de mármol y latón de 21 m de largo con los signos del zodíaco y buscar el punto de luz que marca el *gnomon* (el agujero del techo). La luz apunta en el signo del mes en curso.

CZAJNIKOLANDIA/SHUTTERSTOCK.COM ©

27 salas y tres pisos. Si se asocia este tipo de museo con la idea de aburridas colecciones de vestimentas litúrgicas y relicarios, el visitante se llevará una sorpresa. Ya solo el espacio es espectacular. A lo largo de los siglos, el palacio, del s. XV, fue embellecido con suntuosas decoraciones, que permiten fantasear sobre la vida cotidiana de los arzobispos y admirar muebles de gran valor, lámparas de Murano y techos artesonados. Desde el punto de vista artístico, además, hay infinidad de obras de importancia, desde piezas del s. XIV cubiertas de pan de oro a esculturas de Antonello Gagini y su taller, estucos de Serpotta o cuadros de Pietro Novelli, que ofrecen una muestra exhaustiva del arte siciliano desde la Edad Media hasta el s. XVIII. Merece especial mención la Cappella Borremans, con frescos del pintor flamenco homónimo (1733-1736).

UNA PAUSA
La Galleria
(p. 129) es un local agradable detrás de la catedral donde sirven buenos platos de carne y pescado.

★ IMPRESCINDIBLE

Teatro Massimo

Palermo fue una de las ciudades europeas más prósperas y cultas durante la época árabe, el reinado normando y la esplendorosa era barroca. La última vez que ocupó un lugar destacado fue a finales del s. XIX, cuyo símbolo más elocuente es este edificio.

PLANO: P. 122 **F1**

'APERITIVO' REGIO
Si se viaja en grupo, además de las clásicas visitas guiadas se puede participar en una visita que incluye un *aperitivo* en el Salotto del Re, anexo al palco real. Disponible a diario previa reserva.

Un teatro único

"¿Acaso Palermo necesita un teatro tan grande?", preguntó el rey Humberto I, que no asistió a su inauguración; el palco real creado para los Saboya nunca acogió a ningún miembro de la familia. Esta es, al menos, la versión de la historia que ha transmitido siempre el Massimo. La otra versión es que, cuando el rey fue a Palermo para la Exposición Universal, época en la que ya estaba en funcionamiento el Teatro Politeama (p. 134), como buen saboyano desaprobó el dispendio de recursos para esta majestuosa obra, que aún no se había terminado. Sea cual sea la verdad hay algo cierto: desde que se inauguró el Teatro Massimo, en 1897, con el *Falstaff* de Giuseppe Verdi, generaciones de melómanos han disfrutado del esplendor de un edificio excepcional.

El edificio y la historia

El teatro más grande de Italia y el tercero de Europa, con sus 7730 m^2 de superficie y 1380 butacas, entre la platea, los cinco pisos de palcos y el gallinero, nació en un período de gran prosperidad, expresión de la ambición de la pujante burguesía local de convertir Palermo en una ciudad a la par de las grandes capitales europeas. Concebido como teatro lírico, tiene un patio de butacas en forma de

EDUARD VALENTINOV/SHUTTERSTOCK.COM ©

herradura y su bóveda está formada por ventanas pintadas que permiten refrescar el ambiente. Las obras comenzaron en 1875 bajo la dirección de Giovanbattista Filippo Basile y fueron completadas por su hijo, Ernesto, gran exponente del estilo *liberty,* que dejó su impronta en el diseño interior (el exterior es claramente neoclásico).

Si se quiere saber cuál es el escalón en el que hay que fijarse para no sufrir la maldición de la Monachella del Massimo, se aconseja apuntarse a la visita guiada, mientras que a los cinéfilos se les recomienda ver *El padrino III,* cuya escena final se desarrolla aquí.

Completan el despliegue *liberty* los dos quioscos proyectados por Ernesto Basile en 1894 y 1897, justo enfrente del teatro.

GIARDINI DEL MASSIMO

El bar-restaurante del reatro, renovado recientemente, ofrece una propuesta culinaria acorde con el refinamiento del entorno. También recomendable para un café.

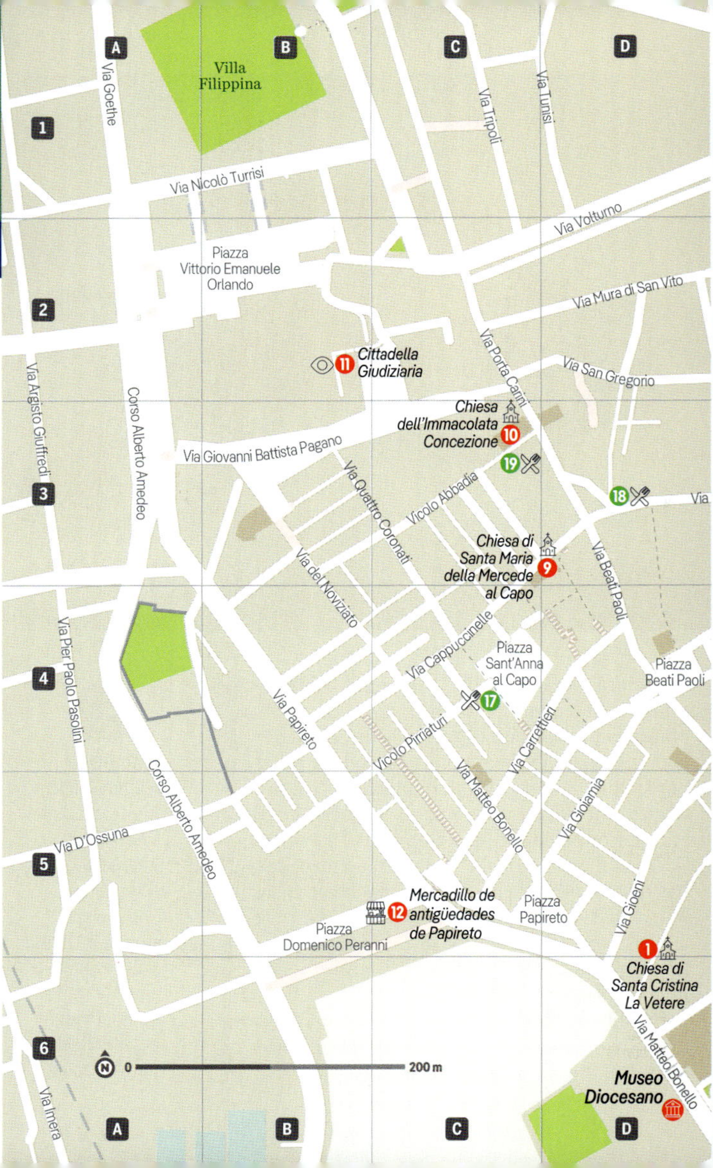
A
B
C
D
1
2
3
4
5
6
Villa Filippina
Via Goethe
Via Tripoli
Via Tunisi
Via Nicolò Turrisi
Via Volturno
Piazza Vittorio Emanuele Orlando
Via Mura di San Vito
Via Porta Carini
Via San Gregorio
11 Cittadella Giudiziaria
Via Argisto Giuffredi
Corso Alberto Amedeo
Chiesa dell'Immacolata Concezione 10
Via Giovanni Battista Pagano
19
18
Via
Via Quattro Coronati
Vicolo Abbadia
Chiesa di Santa Maria della Mercede al Capo 9
Via Beati Paoli
Via del Noviziato
Via Cappuccinelle
Piazza Sant'Anna al Capo
Piazza Beati Paoli
Via Pier Paolo Pasolini
17
Via Papireto
Vicolo Pirriaturi
Via Carrettieri
Via Matteo Bonello
Via Gioiamia
Corso Alberto Amedeo
Via D'Ossuna
Via Gioeni
12 Mercadillo de antigüedades de Papireto
Piazza Papireto
Piazza Domenico Peranni
1 Chiesa di Santa Cristina La Vetere
Via Matteo Bonello
0
200 m
Museo Diocesano
Via Imera

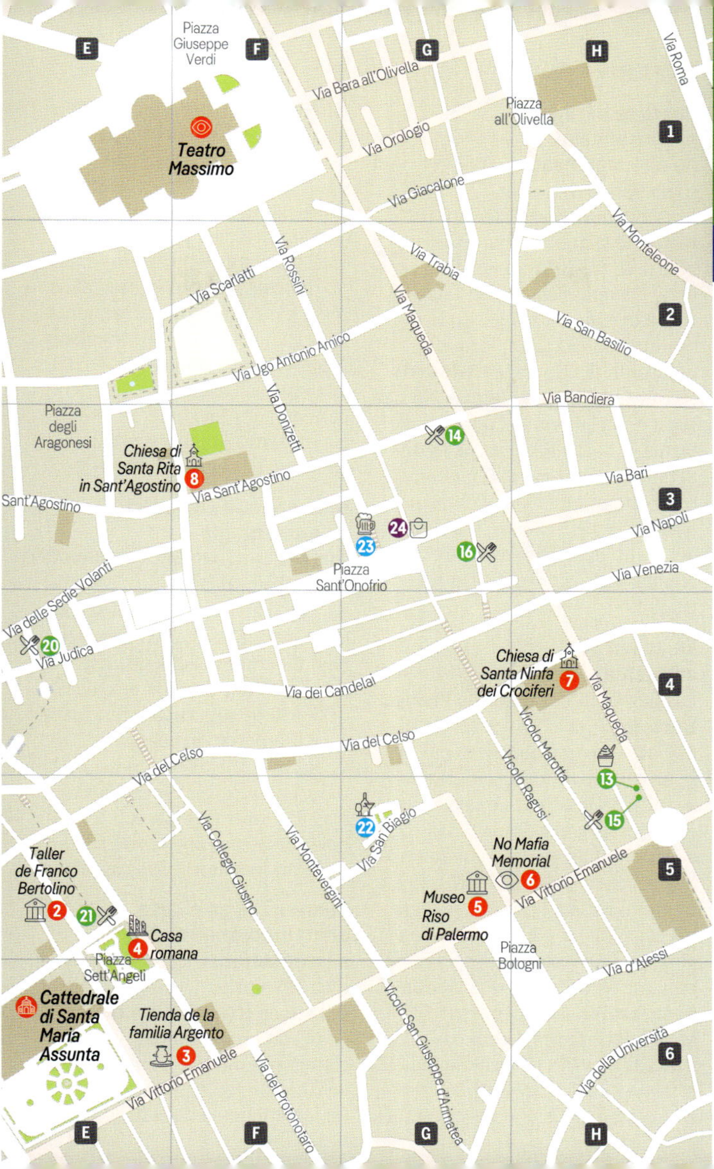
E
F
G
H
1
2
3
4
5
6
Piazza Giuseppe Verdi
Teatro Massimo
Via Bara all'Olivella
Via Orologio
Piazza all'Olivella
Via Roma
Via Giacalone
Via Monteleone
Via Trabia
Via Rossini
Via Scarlatti
Via Maqueda
Via San Basilio
Via Ugo Antonio Amico
Via Donizetti
Via Bandiera
Piazza degli Aragonesi
Chiesa di Santa Rita in Sant'Agostino
8
14
Via Sant'Agostino
Sant'Agostino
Via Bari
23
24
16
Via Napoli
Piazza Sant'Onofrio
Via Venezia
Via delle Sedie Volanti
20
Via Judica
Chiesa di Santa Ninfa dei Crociferi
7
Via dei Candelai
Via Maqueda
Vicolo Marotta
Via del Celso
Via del Celso
Vicolo Ragusi
13
22
15
Via San Biagio
Via Collegio Giusino
Via Montevergini
No Mafia Memorial
6
Taller de Franco Bertolino
2
21
Museo Riso di Palermo
5
Via Vittorio Emanuele
Casa romana
4
Piazza Sett'Angeli
Piazza Bologni
Via d'Alessi
Cattedrale di Santa Maria Assunta
Tienda de la familia Argento
3
Vicolo San Giuseppe d'Arimatea
Via della Università
Via Vittorio Emanuele
Via del Protonotaro
E
F
G
H

EXPERIENCIAS

Sentirse peregrino en una iglesia de aire medieval

LUGAR DE CULTO

PLANO: 1 P. 122 **D5**

En 1260 llegaron a Palermo los restos de santa Cristina. Para acogerlos, se transformó en iglesia una torre de vigilancia que se estaba construyendo. Esas vicisitudes arquitectónicas son la causa de la insólita planta de la **Chiesa di Santa Cristina La Vetere.** No hay nada especial por ver, aunque su forma cúbica y los gruesos muros de piedra arenisca tienen un encanto atemporal. Se puede pedir el pasaporte y el sello de "Cammino del Santo Sepolcro", una ruta por algunas iglesias medievales de la ciudad.

En busca de artesanía siciliana

ARTESANÍA

Las persianas del **taller de Franco Bertolino** (PLANO: 2 P. 122 **E5**), el último artesano que pinta a mano carros sicilianos en Palermo, se abren a una especie de museo dedicado a esta forma de arte tradicional, donde también se amontonan otros objetos, incluida una Vespa, todos pintados a mano. Cuando se escribía esta guía, el edificio estaba en obras y el futuro del taller no estaba muy claro. En la pequeña **tienda de la familia Argento** (PLANO: 3 P. 122 **F6**), ligada al Teatro Argento (p. 51) y ubicada en Via Vittorio Emanuele nº 445, se podrán descubrir los secretos del arte de uno de los últimos maestros titiriteros, con más de 60 años de experiencia y un oficio heredado de su abuelo, que inició su actividad a finales del s. XIX. Sus ágiles manos, a pesar de la edad, dan forma al cuerpo de madera que se esconde bajo los trajes de las marionetas, así como a diablillos, sirenas y otros personajes tan fantásticos como la tienda que los alberga. Los precios varían en función del tamaño y la calidad de la madera; para quienes solo quieren un recuerdo, hay tapones para botellas en forma de cabeza de títere.

Una repentina muestra de arqueología romana

YACIMIENTO ARQUEOLÓGICO

PLANO: 4 P. 122 **E5**

No hay que esperar nada espectacular, pero detrás de la catedral, bajo una marquesina de cristal, se pueden admirar los mosaicos del suelo de una **casa romana** de época imperial que datan de los ss. I-II, aprox. Hay que fijarse, sobre todo, en los mosaicos con peces, olas y trenzas creadas con teselas policromadas. Hay paneles que explican la historia del yacimiento.

Sumergirse en el arte contemporáneo siciliano e internacional

MUSEO DE ARTE

PLANO: 5 P. 122 **G5**

El **Museo Riso di Palermo,** dedicado exclusivamente al arte contemporáneo, se encuentra en un hermoso edificio del s. XVIII, restaurado en la década de 1990.

En la 1ª planta se exponen las nuevas adquisiciones de artistas de renombre mundial, como Vanessa Beecroft o Shay Frisch, además de interesantes experimentos de artistas sicilianos. Las colecciones continúan en la 2ª planta, donde impacta el contraste entre el elegante parqué y la crudeza de las paredes sin acabar, donde se expone la *Instalación de armarios,* de Jannis Kounellis, una serie de armarios de madera colgados del techo en lugar de las bóvedas decoradas. La planta baja y el patio se dedican a exposiciones temporales.

Profundizar en la historia de la mafia — MUSEO

PLANO: 6 P. 122 **H5**

No es de extrañar que el **No Mafia Memorial** esté siempre atestado y lleno de turistas, y no es solo por su céntrica ubicación y su entrada gratuita (aunque se aceptan donativos). Se trata de un lugar emocionante, simbólico y de gran eficacia divulgativa que reconecta con acontecimientos de actualidad que han marcado el imaginario popular y la historia del país en un pasado que ya no es tan reciente. Acoge desde documentación sobre los atentados en los que perdieron la vida los jueces Falcone y Borsellino (con vídeos de la época), hasta la reconstrucción del papel que el tráfico de drogas ha desempeñado, desde siempre, en el afianzamiento y la prosperidad de la mafia, pasando por el análisis en profundidad de algunos personajes emblemáticos, como el bandolero Salvatore Giuliano. A finales del 2021 se inauguró la exposición multimedia permanente *No Mafia Emotion 3.0* (previa reserva).

Visitar las iglesias del barrio — LUGARES DE CULTO

El Capo también tiene sus tesoros artísticos tradicionales. Por ejemplo, un bonito trampantojo en el techo plano, que simula la estructura de una cúpula, secunda el espíritu barroco de la ciudad en la **Chiesa di Santa Ninfa dei Crociferi** (PLANO: 7 P. 122 **H4**), consagrada a la patrona del barrio y uno de los primeros lugares de culto cons-

SERALCADIO

El Capo se corresponde con el antiguo barrio de Seralcadio, que se desarrolló junto al río Papireto (soterrado en el s. XVI). Los árabes lo llamaron Shari-al-qadi, la "calle del juez", por acoger la sede del magistrado encargado de la justicia ordinaria. Allí vivieron los mercenarios dálmatas especializados en la trata de esclavos (los llamados Schiavoni) y, posteriormente, los musulmanes expulsados de los centros de poder por los normandos. Sin embargo, en el s. XIII se levantó la muralla y el barrio comenzó a llenarse de las mercancías y productos de comerciantes y artesanos. Así nació la fortuna del Caput Seralcadi, que se convertiría en el Mercato del Capo.

truidos en Via Maqueda. También pueden verse los estucos de Serpotta (tercera capilla a la izquierda), un cuadro de san José de Borremans (primera a la derecha) y la capilla dedicada a Camilo de Lelis (en el crucero izquierdo), fundador de la Orden de los Ministros de los Enfermos, donde se encuentra su máscara funeraria de cera.

Poco conocida, la **Chiesa di Santa Rita in Sant'Agostino** (PLANO: 8 P. 122 **F3**) es fascinante, tanto por su bella fachada del s. XIV, con su rosetón y su portal gótico con decoración de arabescos y motivos florales, como por su blanco interior decorado con esculturas barrocas, estucos de Serpotta (se puede ver su inconfundible firma, la pequeña lagartija –*serpuzza* en siciliano– en la base de la segunda estatua a la derecha, un cuadro del s. XVI de Simone de Wobreck y un retablo del s. XIV de la Virgen del Socorro. A un lado se abre un amplio claustro que conserva en las paredes restos de frescos del s. XVII y, en el centro, una preciosa fuente octogonal. También está la **Chiesa di Santa Maria della Mercede al Capo** (PLANO: 9 P. 122 **D3**), inmersa en el ambiente popular del Mercato del Capo, con la ropa tendida de los balcones de las casas cercanas rozando su fachada. Si al atardecer se pasa por la plaza que hay delante, se verá a un montón de gente que observa el campanario; son los fieles que esperan ver el fantasma de una monja cuya silueta parece perfilarse por un curioso efecto óptico generado por la combinación de luces, sombras y la pared con desconchones.

Por último, la **Chiesa dell'Immacolata Concezione** (PLANO: 10 P. 122 **C3**), cuyo interior es una manifestación casi ejemplar de la desbordante opulencia del barroco palermitano, que contrasta con la sobria fachada semiescondida entre los puestos ambulantes. Entre el despliegue de mármoles *mischi* y *tramischi*, llaman la atención los cinco paramentos de altar, con sofisticadas escenas bíblicas realizadas con teselas policromadas (las azules son *smaltini di calcara*, hoy imposibles de fabricar), mientras que el fresco de la bóveda de cañón cubierta de estucos dorados es de Olivio Sozzi (c. 1740). También hay una magistral *Inmaculada Concepción* (1635) de Pietro Novelli encima del altar mayor. El coro se ha abierto al público para que los visitantes puedan ponerse en la piel de una monja benedictina de siglos pasados y admirar el interior desde arriba, a través de la reja.

Recordar a las víctimas de la mafia frente a la Cittadella Giudiziaria

LUGAR DE REFERENCIA

PLANO: 11 P. 122 **B2**

Es un lugar de gran valor simbólico para la historia y la identidad de la ciudad. El **Palazzo di Giustizia** (foto p. 127), diseñado en la década de 1930 en estilo racionalista y terminado después de la guerra, en 1957, alberga el *bunkerino* (visitable previa reserva en *www.*

ALEXANDERSTOCK23/SHUTTERSTOCK.COM ©

progettolegalita.it/prenotazione-visita-museo/), donde se reunían los jueces Falcone y Borsellino con los miembros del grupo antimafia. Detrás del edificio se abre una zona peatonal, **Piazza della Memoria,** con una decena de columnas que simbolizan a los magistrados asesinados por la mafia y rodeada por una escalinata con sus nombres y la fecha de su muerte a los lados de los peldaños. Pasada la plaza, el **Nuovo Palazzo di Giustizia,** terminado en el 2002 según un proyecto del Studio Monaco Architetti, es el resultado de una interesante planificación que integra lo moderno en el tejido urbano del Capo sin traicionar su historia. Los edificios que lo componen respetan la antigua estructura del barrio y dan a calles y plazas accesibles a todos los transeúntes, no solo al personal que trabaja allí.

Un paseo por el mercadillo de antigüedades

ANTICUARIO

PLANO: 12 P. 122 **C5**

Que quede claro: es bastante improbable encontrar gangas y si se quiere comprar una auténtica obra de arte tal vez sea mejor buscar en otro sitio. Sin embargo, el Papireto (así se llama esta zona, por donde antiguamente discurría el río del mismo nombre) es un lugar curioso y fascinante. Cada mañana, las casetas fijas de madera y chapa levantan las persianas para exhibir con orgullo antigüedades y baratijas: marionetas viejas, exvotos de plata y hojalata, carritos sicilianos, alguna que otra joya... Hay mucho entre lo que elegir. Se recomienda llegar temprano por la mañana.

SUGERENCIAS

Lo mejor para...

Localizaciones en el plano de la **p. 122**

€ Económico €€ Medio €€€ Alto

Comer

Un bocado rápido

Comercceria Costa €
13 H5
La sede histórica es el local de estilo *liberty* que hay cerca de Via Libertà (p. 133), aunque este tiene la ventaja de estar muy céntrico, a dos pasos de Quattro Canti. Es el sitio ideal para probar los *iris*, tanto fritos, como manda la tradición, como al horno para quien aún no está familiarizado con el auténtico dulzor italiano. Tienen otro local en el Molo Trapezoidale. *www.pasticceriacosta.com; diario*

Donna Franca Lab €
14 G3
Por mucho que sea un sitio turístico, como afirman sus detractores, la posibilidad de probar todo tipo de *arancine* (desde las de gambas y setas a las de berenjena y pez espada) es verdaderamente apetitosa. También ofrece una gran selección de *cannoli*. *www.donnafrancalab.it; diario*

Bisso Bistrot €€
15 H5
En una antigua librería, de la que conserva el letrero y la exposición de libros del escaparate, entre frescos de estilo *liberty*, techos artesonados y mesas de madera se pueden probar especialidades sicilianas bien hechas, así como buenos desayunos, a un paso de Quattro Canti. También sirven en la barra. *www.bissobistrot.it; diario*

Cocina casera

Trattoria Al Vecchio Club Rosanero €€
16 G3
Con una decoración rosa y negra, alusiva al club de fútbol Palermo, es un local acogedor, ideal para conocer el ambiente local futbolero, con banderines, camisetas y artículos periodísticos adornando las paredes. Es un lugar de lo más recomendable; además, se come relativamente bien y a un precio comedido. *cena lu-mi, almuerzo y cena ju-sa*

Da Spanò €€
17 C4
El callejón alejado de las rutas turísticas y las mesas de plástico, las vistas de la catedral y la plazoleta llena de coches aparcados forman una composición insólita, pero muy característica. Se va, principalmente, a comer pescado. *Diario*

Cocina 'gourmet'

L'Acerba €€
18 D3
Una taberna ambiciosa, tanto por la carta, que da protagonismo a los productos de temporada e incluye platos de pescado (como el *tataki* de atún o el *involtino* de pez espada y gamba roja), como por el concepto de revitalización de una plazoleta decadente en la entrada del Mercato del Capo, creando un espacio dinámico que combina las artes plásticas (en el interior podrán apreciarse obras de corte futurista) y gastronomía. El resultado

es muy convincente. *ma-sa, solo cena do*

Le Angeliche €€€

19 C3

Uno de los locales más recomendados por los palermitanos de pura cepa. Es un restaurante orgullosamente regentado por mujeres en un exquisito patio lleno de plantas y hamacas. La cocina no pasa desapercibida, ya que redescubre platos olvidados de la tradición siciliana, con revisiones no exentas de inspiración, y revaloriza los ingredientes del vecino Mercato del Capo y de granjas locales de toda la vida. *www.leangeliche.it; ma-sa, solo almuerzo do*

A' Cuncuma €€€

20 E4

Local de gama media-alta, minúsculo y elegantísimo, con manteles blancos, sillas de madera, paredes pintadas en tonos suaves, cuadros de artistas palermitanos y suelos de terracota. La cocina destaca por los guiños creativos en diálogo constante con la tradición. Los menús de degustación son muy apetitosos, pero nada baratos. *www.acuncumarestaurant.com; cena lu-sa*

La Galleria €€

21 E5

Local ideal tras la visita a la catedral. Es un espacio cuidado, cálido y con detalles decorativos sencillos; se come bien, ya sea carne o pescado, y el trato es amable. Si, además, se coincide con un concierto de *jazz*, la experiencia será redonda. *ma-do*

Beber

Vino y cócteles

Malox

22 G5

A caballo entre la gentrificación y la tradición, Piazza della Canna alberga uno de los referentes históricos de las noches palermitanas. Las grandes mesas de madera de la terraza, donde se socializa en un ambiente agradable, la esquina arbolada con una gran pantalla que los domingos hipnotiza a los aficionados al fútbol y los conciertos y actos que se organizan con regularidad explican el gran éxito de este local. Si se prefiere un ambiente tranquilo hay que ir a tomar el *aperitivo* entre semana. *Diario a la hora del* aperitivo

Cerveza

Beering

23 G3

La placita en la que se encuentra tiene buen ambiente por las tardes y la gran selección de cervezas artesanas, con varias decenas entre las que escoger, lo convierte en un lugar imprescindible para los aficionados y para los amantes de la sidra y el hidromiel. *www.beering.it; desde 18.00 lu-sa*

Comprar

Juguetes

Giovanni Montoro

24 G3

Es uno de esos sitios con los que se tropieza por casualidad mientras se pasea sin rumbo por las callejuelas del centro y que hacen que uno se enamore de Palermo. Es una tienda artesana semiescondida en un garaje que ofrece juguetes y objetos de madera muy originales en un ambiente muy auténtico. *Horario variable*

Sugerencias de lugares para comer, beber y comprar en **p. 140**

Explora Politeama, Libertà, Borgo Vecchio

El Teatro Politeama domina la zona situada inmediatamente al norte del centro de la ciudad (y de su antagonista, el Massimo), donde las influencias neoclásicas y el gusto *liberty* se mezclan con armonía. Su alma burguesa se refleja en el amplio espacio que hay frente al teatro, se solaza en los clubes de moda de los alrededores y se viste de gala en las tiendas de lujo de Via della Libertà. Sin embargo, tan solo hay que moverse unos cientos de metros al este para que el escenario cambie drásticamente: la zona portuaria de Borgo Vecchio vuelve a recuperar la auténtica imagen de la Palermo popular.

Cómo desplazarse

A pie

Para llegar a pie a Politeama desde Quattro Canti se tarda 15 min por Via Maqueda. Desde allí, hay que calcular el mismo tiempo para llegar al Giardino Inglese.

Autobús

La línea n° 101 conecta la Stazione Centrale con el estadio, atravesando Via della Libertà; la n° 102 conecta la Stazione Centrale con la estación de Notarbartolo; la n° 806 sale de Piazza Crispi y va hasta Mondello, mientras que la n° 812 sube al monte Pellegrino.

Tranvía

La línea de tranvía n° 2 conecta Borgo Nuovo con la estación de Notarbartolo.

Palchetto della Musica, Piazza Castelnuovo (p. 135).

★

LO MEJOR

TEATRO POLITEAMA
La prueba del ascenso de la burguesía palermitana de finales de s. XIX (p. 134)

VIA DELLA LIBERTÀ
El gran bulevar de Palermo, entre las luces de los escaparates y el verde de los parques (p. 133)

CIRCUITO A PIE

Un paseo por el barrio de Libertà

Al pasear por las lustrosas calles del barrio de Libertà se experimenta un cambio de estilo radical. El ambiente desordenado del centro histórico se disuelve en los amplios espacios y las calles limpias y arboladas salpicadas de cafeterías antiguas y tiendas sofisticadas. Si se quiere conocer Palermo con todas sus complejidades, también se debe pasar por aquí.

INICIO	FINAL	DURACIÓN
Rizzo Antiquari	Bioesserì	2 km; 40 min

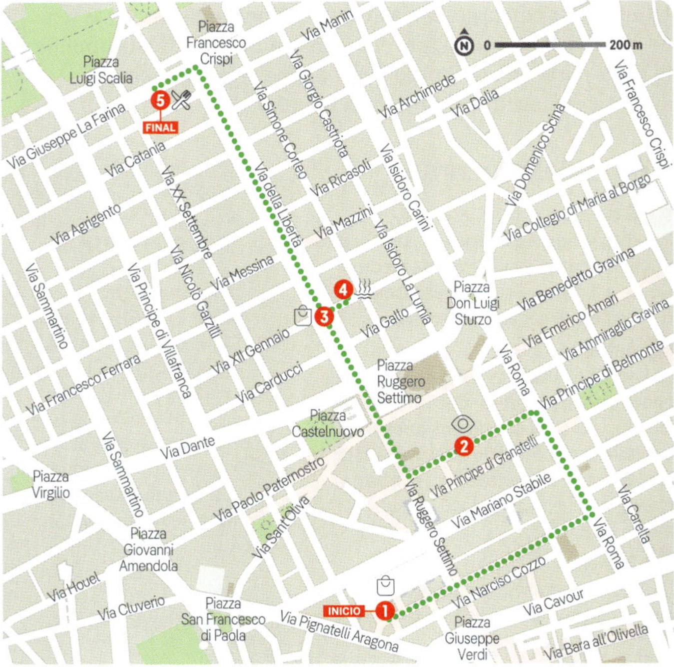

1 Palmeras y anticuarios

Dando la espalda al Teatro Massimo hay que dirigirse a la peatonal **Via Generale Magliocco** para disfrutar, a la benévola sombra de las altas palmeras, del preludio de la zona de tiendas de lujo. Destaca, en el n.º 43, el anticuario **Rizzo Antiquari.**

2 Via Principe

De escaparate a escaparate se llega a Via Roma para apreciar, en el n.º 398, la elegancia *liberty* del suntuoso Grand Hotel et Des Palmes, restaurado hace unos años para devolverle su antigua opulencia. Luego se toma la primera calle peatonal de Palermo, pavimentada y sombreada por grandes árboles: **Via Principe di Belmonte** se convirtió en la meta del *passìo* (paseo) de los ciudadanos en los primeros años de la década de 1990. No es que antes no se pasease por esta zona, el **Antico Caffè Spinnato** es, desde 1860, parada obligatoria para vecinos y foráneos gracias a su irresistible mostrador de pasteles y a sus elegantes salones de madera con silloncitos impregnados de encanto *belle époque*. El *cannolo* es la bomba y el café tampoco está mal.

3 El bulevar de la ciudad

Ha perdido casi todas las villas *liberty* que la adornaban antaño, pero no esa elegancia que la distingue desde su construcción. Hoy, al igual que a principios de s. xx, **Via della Libertà** sigue siendo la calle más chic de Palermo. Es aquí donde las grandes marcas internacionales, de Vuitton a Hermès, tienen su escaparate. También hay muchos bancos, por lo que hay que aprovechar para sacar dinero (en el centro histórico hay pocos cajeros automáticos). Antes de seguir ruta, hay que deleitar la vista con los gigantescos escaparates de la joyería Palumbo & Gigante, del n.º 13.

4 Cálido relax

Teniendo en cuenta la influencia que la cultura árabe ha tenido en la historia de Palermo, regalarse un par de horas de relax en el **Hammam Il Bagno Turco,** con sus elegantes mármoles, su tenue luz y sus colores apagados, es también un conveniente homenaje a la ciudad. Se puede escoger entre el *hammam* clásico, tratamientos para el cuerpo y varias clases de masaje.

5 Un restaurante inusual

Para terminar no puede faltar un buen sitio para darse un homenaje: **Bioesserì** es uno de los restaurantes más reputados de la zona gracias a su variada oferta, desde la *pizza* a los platos tradicionales (con menús del día para almorzar y una gran oferta de vinos y cervezas) y a su mobiliario, que pone el acento en los materiales, con un guiño a una estética más típica de latitudes mucho más nórdicas.

★ IMPRESCINDIBLE

Teatro Politeama Garibaldi

Este enorme espacio de cultura, sede de la Fondazione Orchestra Sinfonica Siciliana, es un edificio extraordinario que representa las tendencias neoclásicas en boga en el s. XIX. Pero además, y sobre todo, es el telón de fondo del suntuoso salón de la ciudad.

PLANO: P. 136 **E4**

UN REVÉS PARA EL MASSIMO
En el estreno del *Otelo* de Verdi, en 1891, el Teatro Politeama tuvo el honor de tener entre el público al rey Humberto I. En la antigua rencilla con el Massimo, que nunca recibió tal honor, este privilegio suma muchos puntos.

La historia

Con diseño de Giuseppe Damiani Almeyda, el Politeama está ligado al vecino Teatro Massimo por las condiciones históricas que promovieron su construcción, así como por un eje de calles (Via Maqueda-Via Ruggiero Settimo). Ambos edificios, de hecho, expresan las ambiciosas aspiraciones de la ascendente clase burguesa de la segunda mitad del s. XIX. Sin embargo, el Massimo se destinó inmediatamente al entretenimiento de las clases más pudientes y a la ópera clásica, mientras que el Politeama se concibió como un espacio multifuncional, apto para todo tipo de espectáculos (incluido el circo) y públicos. Las circunstancias de su construcción fueron complejas, ya que el proyecto cambió durante su ejecución y las obras se retrasaron considerablemente por contingencias históricas y económicas. Cuando se inauguró, en 1874, tras siete años de obras, estaba aún inacabado y le faltaba su elemento más innovador, la cubierta de vidrio y hierro, realizada por la fundición Oretea y auténtica obra maestra de Almeyda, que se construyó en contra de la opinión de numerosos detractores. Hasta la Exposición Nacional de 1891 no se pudo mostrar el edificio en todo su esplendor, con sus decoraciones pompeyanas y la cuadriga de

ANDREAS ZERNDL/DREAMSTIME.COM ©

bronce de Apolo, obra de Mario Rutelli, sobre el gran arco triunfal de la entrada.

Las plazas de enfrente

El espacio que se abre frente al teatro, dividido en dos plazas (Piazza Ruggiero Settimo y Piazza Castelnuovo), pero identificado en su conjunto como Piazza Politeama, es enorme, monumental en dimensiones y refinado de espíritu, inmune a ese aire de decadencia que impregna el centro histórico. Varios elementos llaman la atención mientras se pasea entre las palmeras: el **Chiosco Ribaudo** y sus decoraciones *liberty,* las estatuas de estilos variados y temas curiosos, y el precioso **Palchetto della Musica,** con 20 columnas corintias que sostienen un delicado entablamento.

UNA PAUSA
En las inmediaciones se podrán encontrar las *arancine* de Qcinu y los platos típicos de la **Osteria Lo Bianco** (p. 140).

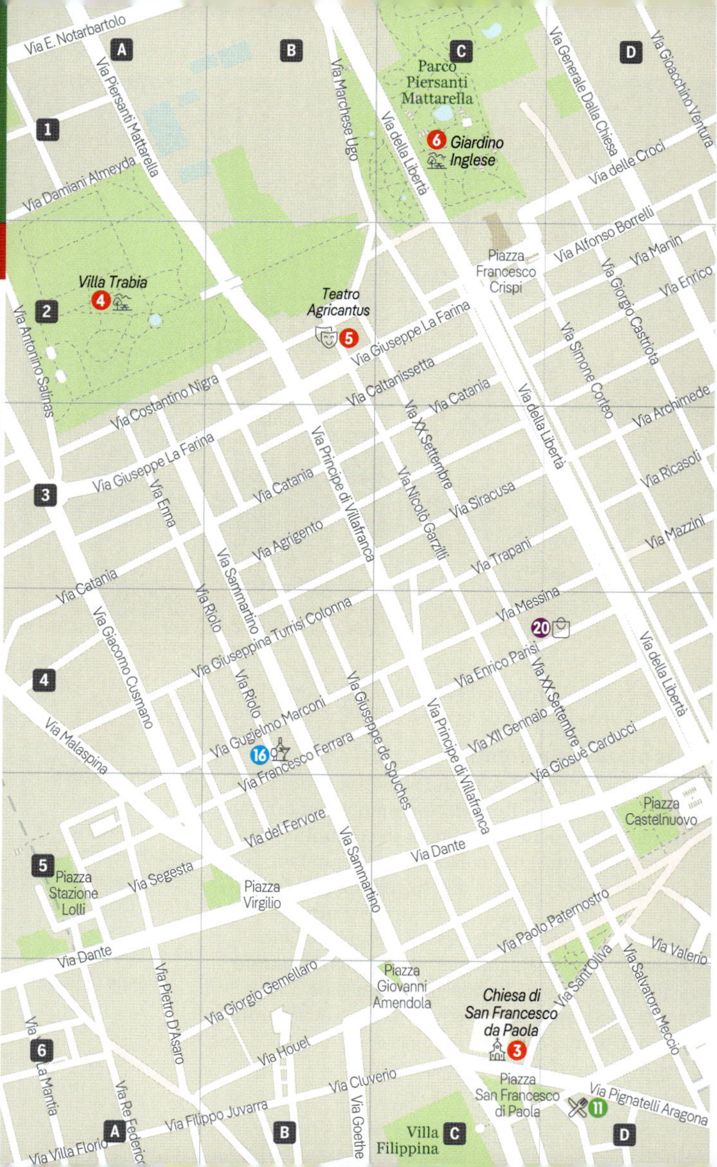
A
B
C
D
1
2
3
4
5
6
Parco Piersanti Mattarella
6 Giardino Inglese
Villa Trabia
4
Teatro Agricantus
5
20
16
Chiesa di San Francesco da Paola
3
11
Piazza Francesco Crispi
Piazza Castelnuovo
Piazza Stazione Lolli
Piazza Virgilio
Piazza Giovanni Amendola
Piazza San Francesco di Paola
Villa Filippina
Via E. Notarbartolo
Via Piersanti Mattarella
Via Marchese Ugo
Via della Libertà
Via Generale Dalla Chiesa
Via Gioacchino Ventura
Via delle Croci
Via Damiani Almeyda
Via Alfonso Borrelli
Via Manin
Via Enrico
Via Giorgio Castriota
Via Simone Corteo
Via Giuseppe La Farina
Via Caltanissetta
Via Catania
Via Costantino Nigra
Via Antonino Salinas
Via Archimede
Via Ricasoli
Via Mazzini
Via XX Settembre
Via Principe di Villafranca
Via Nicolò Garzilli
Via Siracusa
Via Trapani
Via Messina
Via Enrico Parisi
Via XII Gennaio
Via Giosuè Carducci
Via Enna
Via Agrigento
Via Sammartino
Via Riolo
Via Giuseppina Turrisi Colonna
Via Giacomo Cusmano
Via Malaspina
Via Gugielmo Marconi
Via Francesco Ferrara
Via Giuseppe de Spuches
Via del Fervore
Via Dante
Via Segesta
Via Paolo Paternostro
Via Valerio
Via Sant'Oliva
Via Salvatore Meccio
Via Pietro D'Asaro
Via Giorgio Gemellaro
Via Houel
Via Cluverio
Via Goethe
Via Filippo Juvarra
Via Pignatelli Aragona
Via La Mantia
Via Re Federico
Via Villa Florio

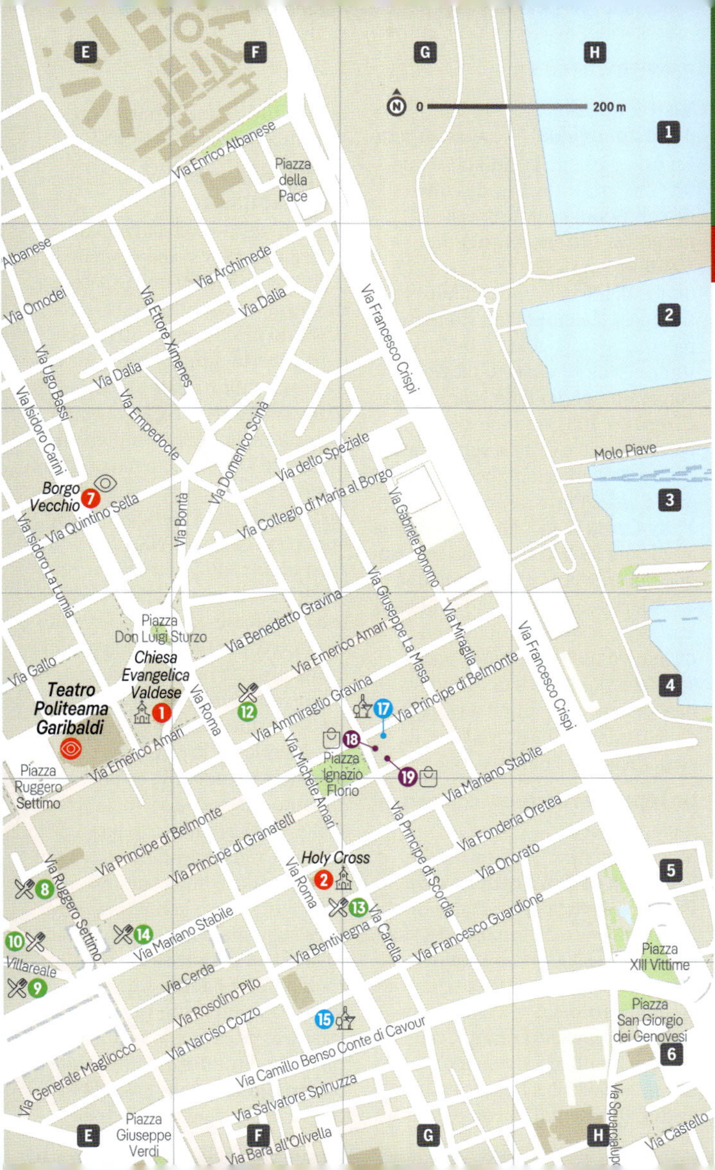
E
F
G
H
0
200 m
1
2
3
4
5
6
Via Enrico Albanese
Piazza della Pace
Albanese
Via Archimede
Via Omodei
Via Dalia
Via Ettore Ximenes
Via Francesco Crispi
Via Ugo Bassi
Via Dalia
Via Isidoro Carini
Via Empedocle
Via Domenico Scinà
Via dello Speziale
Molo Piave
Borgo Vecchio
7
Via Quintino Sella
Via Collegio di Maria al Borgo
Via Gabriele Bonomo
Via Bonta
Via Isidoro La Lumia
Via Giuseppe La Masa
Via Benedetto Gravina
Via Miraglia
Piazza Don Luigi Sturzo
Via Emerico Amari
Via Francesco Crispi
Chiesa Evangelica Valdese
Via Gallo
Teatro Politeama Garibaldi
1
Via Roma
12
Via Ammiraglio Gravina
17
Via Principe di Belmonte
18
Piazza Ignazio Florio
19
Via Michele Amari
Via Mariano Stabile
Piazza Ruggero Settimo
Via Emerico Amari
Via Principe di Belmonte
Via Principe di Granatelli
Via Principe di Scordia
Via Fonderia Oretea
Holy Cross
2
Via Onorato
Via Roma
8
Via Ruggero Settimo
13
Via Carella
Via Francesco Guardione
10
14
Via Mariano Stabile
Via Bentivegna
Piazza XIII Vittime
Villareale
9
Via Cerda
Via Rosolino Pilo
Piazza San Giorgio dei Genovesi
Via Narciso Cozzo
15
Via Camillo Benso Conte di Cavour
Via Generale Magliocco
Via Salvatore Spinuzza
Piazza Giuseppe Verdi
Via Bara all'Olivella
Via Squarcialupo
Via Castello

EXPERIENCIAS

Visitar iglesias poco conocidas LUGARES DE CULTO

En esta parte de la ciudad se pueden encontrar lugares de culto de confesiones minoritarias. La neogótica **Chiesa Evangelica Valdese** (PLANO: 1 P. 136 **E4**), de 1927, detrás del teatro, por ejemplo, se destina a la comunidad valdense palermitana (nacida en 1861, como Italia). Se notará cierto parecido con la Chiesa di Santa Maria della Catena (p. 103), aunque el interior es muy básico, con un relajante cielo estrellado en el techo que alegra la vista. Cerca se encuentra la **Holy Cross** (PLANO: 2 P. 136 **F5**), iglesia anglicana de la comunidad inglesa que durante el s. XIX hizo fortuna en Palermo. El arquitecto William Barber se inspiró en el ímpetu neogótico típico británico para satisfacer los gustos de sus mecenas, pero con un guiño a la historia de la ciudad con los mosaicos de estilo bizantino del interior.

Un repaso al barroco LUGAR DE CULTO

PLANO: 3 P. 136 **C6**

Muchísimo más familiar resulta la **Chiesa di San Francesco da Paola,** dedicada al fundador de la Orden de los Mínimos y erigida en el s. XVI. Una vez se atraviesa el portal tardorrenacentista se entra en un derroche barroco de exuberante opulencia decorativa, tanto desde el punto de vista pictórico, con unos notables frescos en la nave y el presbiterio, como desde el escultórico, con bajorrelieves y estatuas, alguna de Gagini.

Refrigerios y relax en la naturaleza PARQUE

Al norte de la zona de Politeama, Palermo es muy verde y, además, parece envuelta en una especie de elegancia soñolienta. Para comprobarlo basta con recorrer Via della Libertà durante 1 km, girar a la izquierda y llegar al parque de **Villa Trabia** (PLANO: 4 P. 136 **A2**). Su historia es un tanto compleja: a finales de s. XVIII, cuando la nobleza palermitana empezó a construir casas de veraneo fuera del centro, nació esta hermosa villa, que hoy alberga una biblioteca. El jardín, inspirado en los modelos geométricos franceses, fue transformado en el s. XIX por Giuseppe Lanza di Branciforti en un romántico parque de estilo inglés, con bancos, senderos, fuentes y plantas exóticas. A pesar de los altos árboles y el gran ficus centenario, es un lugar un tanto descuidado y melancólico, si bien es cierto que a lo largo de la irregular red de senderos hay montones de rinconcitos para extender una manta sobre la hierba y gozar de ese ambiente nostálgico y tranquilo. En el parque se encuentra también **The Factory,** gestionado por el Palermo Youth Center, que organiza conciertos y acontecimientos culturales, mientras que el **Teatro Agricantus** (PLANO: 5 P. 136 **B2**), que acoge conciertos y espec-

DE LA LIBERTAD AL 'LIBERTY'

La ampliación norte de Via Ruggiero Settimo se gestó en época revuelta. Tras el levantamiento antiborbónico de 1848, el Gobierno provisional inició las obras para la creación de una gran vía urbana que, en recuerdo de aquel momento histórico, fue bautizada como Via della Libertà. La anarquía no duró mucho y, unos meses después, fueron los Borbones los que proyectaron la continuación de las obras. Suavizada por hileras de plataneros, la calle adquirió al instante una elegancia totalmente burguesa. Después, tras la Exposición Nacional de 1891, la avenida se llenó de espléndidas casas en estilo *liberty*. Hoy, el espíritu de aquella época de grandeza permanece intacto. Allí viven, sobre todo, los miembros más adinerados de la sociedad palermitana y, en el tramo más cercano a Piazza Castelnuovo, su elegancia se reflejaba también en las construcciones. Por desgracia, la mayor parte de los edificios más elegantes fueron demolidos durante la época de especulación inmobiliaria conocida como Sacco di Palermo ("saqueo de Palermo") de las décadas de 1950 y 1960, que buscaba espacio para los edificios modernos que se verán durante el paseo.

táculos cómicos, se encuentra justo fuera del parque.

El ambiente del **Giardino Inglese** (PLANO: 6 P. 136 **C1**) es totalmente distinto: colinas, fuentes, árboles en flor, cactus, troncos centenarios e incluso una explanada asfaltada jalonan este rincón de Palermo, frecuentado, sobre todo, por familias. Diseñado en 1851 por Basile (el mismo que el del Massimo), se enriqueció con un templete de inspiración árabe-normanda de su hijo Ernesto y con las esculturas de la fuente de Rutelli (el escultor de la cuadriga del Politeama). Una continuación del parque, **Villa Falcone-Morvillo,** con un monumento ecuestre de Giuseppe Garibaldi y construcciones menos exóticas, se extiende al otro lado de Via della Libertà.

Un paseo por las calles de Borgo Vecchio

BARRIO

PLANO: 7 P. 136 **E3**

No hay nada especial por ver y el mercado que indican muchas páginas web ya no existe. Sin embargo, pasear por las destartaladas calles del barrio (hay que tomar como referencia Principe di Scordia, Scinà, Ximenes y Nascè) es ideal para quienes disfrutan descubriendo pequeños bares donde se juega a las cartas y se paga solo 1 € por una copa de vino, placitas con bancos acaparados por los ancianos del lugar y no por los turistas y murales multicolores que intentan rehabilitar las medianeras de los edificios en ruinas. **Via Amari** se ha convertido hace poco en calle peatonal con la idea de crear una especie de Rambla palermitana.

SUGERENCIAS

Lo mejor para...

Localizaciones en el plano de la **p. 136**

€ Económico €€ Medio €€€ Alto

Comer

Un bocado rápido

I Cuochini €
8 E5
Gastronomía microscópica especializada en frituras que merece la pena descubrir y buscar, ya que se encuentra en el vestíbulo de un *palazzo,* donde se esconde desde 1826. Se podrán probar diversos tipos de comida callejera *(arancinette, panzerotti, crocchettine al latte, timballi di capellini). www.icuochini.com; desde la mañana hasta 14.30 lu-sa*

Qcinu €
9 E6
Cuesta escoger entre la *arancina* frita al momento, el kilométrico desfile de bollos con todo tipo de rellenos o la *pizza.* En todo caso, se gastará poco y las ansias de hidratos de carbono se verán saciadas. También existe la opción de pedir comida para llevar, siempre que se resista el impulso de darle un bocado al momento. *Horario continuo diario*

Cappadonia €
10 E5
Es fácil entender el extraordinario éxito de esta heladería multipremiada: materias primas de calidad y locales se unen con la maestría artesanal en la creación de las sublimes cremas (se recomienda la Gattopardo), los sorbetes clásicos y sabores más curiosos (como calabaza y *amaretto*). Tienen otro local en Via Vittorio Emanuele nº 401 y otro en el Palermo Marina Yachting. *www. cappadonia.it; diario*

'Trattorie'

La Tavernaccia Da Mario €€
11 D6
Un lugar espartano pero delicioso, con precios muy populares y sabores auténticos donde probar platos cotidianos muy bien cocinados: pasta con pez espada y berenjena, o a la marinera, parrilladas de pescado o bien *involtino* siciliano o salchichas. *www.latavernacciatrattoria.wordpress.com; almuerzo lu-ma, almuerzo y cena mi-sa*

Osteria Lo Bianco €€
12 F4
Manteles de papel, a cuadros, arrimaderos de madera, fotos en blanco y negro y piezas de carro. Parece la clásica *trattoria* turística que juega con los tópicos sicilianos (y, en parte, lo hace) pero todos los platos típicos de la cocina siciliana están en su carta, bien preparados y a precios razonables. *www.osteria lobianco. it; diario*

Al Cancelletto €€
13 G5
Al ambiente familiar se le añade un toque de elegancia que nunca falla, gracias a la música suave y a las mesas con la separación ideal. Su carta, tradicional, ofrece una selección limitada de platos, pero están cocinados como en casa, con una cuidada selección de ingredientes. *Cerrado lu almuerzo*

Restaurantes

Stabile 169 €€€

14 E5

Es toda una institución, de sobria elegancia en el ambiente y nada pretencioso en la cocina. Se puede comer tanto pescado como carne y el servicio es digno de mención. El menú degustación es excelente. *Diario*

Beber

Cócteles y cocina

Locale

15 F6

Lugar de referencia tanto para palermitanos como para turistas. Es un pequeño local informal donde tomar unos cócteles excelentes y escuchar buena música. También es una buena opción para almorzar o cenar. De gran encanto gracias a su mobiliario, con objetos rescatados, y a su precioso patio. *www.localepalermo.it; horario continuo diario*

Vino

Enoteca Picone

16 B4

El ambiente de esta vinoteca histórica es también embriagador, con sus estanterías de madera llenas de botellas (con un total de 7000 referencias). No es difícil imaginar cómo se termina después de una velada sentados en las mesitas bebiendo vinos sofisticados. A partir de las 17.00 también se puede comer. *www.enotecapicone.com; lu-sa*

'Pubs'

Barrel 44

17 G4

En una calle donde los locales de moda son los que marcan tendencia, este íntimo *pub* destaca por el ambiente cordial que envuelve a sus fieles clientes. Se puede esperar una agradable velada, con buena música en directo, mucha cerveza y charlas sin fin. *lu-sa*

Comprar

Productos gastronómicos

I peccatucci di Mamma Andrea

18 G4

Tal vez sea por el placer que supone para la vista ver tantos paquetes de colores repletos de delicias o por el ligero aroma a chocolate que recorre las dos pequeñas salas, el caso es que, si se es goloso, este lugar enamora a primera vista. Los *peccatucci, praliné* de almendra con pistachos y avellanas, son la perdición. Los precios son altos, en consonancia con la calidad. *www.mammaandrea.com; lu tarde y ma-sa*

Kiddikà

19 G4

Se define como "taller del gusto" y nació como tienda de productos locales de excelencia, desde vinos a *bottarga,* quesos o crema de pistacho, principalmente de pequeños productores. También cuenta con un espacio para degustaciones. *lu tarde y ma-sa*

Ropa y diseño

Vuedu Factory

20 D4

Híbrido entre *boutique* y tienda de diseño, es un lugar de referencia para los jóvenes que buscan algo original, como las prendas de la diseñadora y arquitecta, Daniela Vinciguerra (que también pasó por Pitti Immagine), que tienen alma metropolitana, así como muchas ideas para regalos. *www.vuedu.it; lu tarde y ma-sa*

Sugerencias de lugares para comer, beber y comprar en **p. 152**

Explora
El norte y Mondello

El tramo septentrional de Via della Libertà discurre hacia el norte sin demasiada personalidad, entre descoloridas casas de estilo *liberty* y zonas residenciales, para cerrarse solemnemente en presencia del grandioso Monumento a los Caídos de Piazza Vittorio Veneto. Hacia la costa, más allá del verde Parco della Favorita, Palermo desvela de repente su identidad marinera: primero la Arenella, luego la Addaura y, justo después, Mondello (y más allá, Capo Gallo, Sferracavallo o la Isola delle Femmine), que impregnan de salitre playas, rocosas bahías y paisajes espectaculares. Y vigilando desde lo alto está el monte Pellegrino, donde descansan los restos de santa Rosalía.

Cómo desplazarse

Autobús
Para visitar la zona es casi imprescindible un medio de transporte, por lo que si no se tiene coche, los buses son fundamentales. Desde Politeama, los n° 107 y n° 806 llegan al Parco della Favorita a la altura del estadio; desde allí, los n° 616 y 645 van a Palazzina Cinese; el n° 806 y (en verano) el n° 606 van a Mondello, mientras que el n° 812 sube al monte Pellegrino.

Bicicleta
El Parco della Favorita está unida a Mondello por un carril-bici.

Tranvía
Las líneas n° 2, 3 y 4 desde el inicio de línea en dirección a la estación de Nortarbartolo circulan hacia el oeste y el suroeste.

Playa de Mondello (p. 154).
EUGENIA STRUK/SHUTTERSTOCK.COM ©

LO MEJOR

PALAZZINA CINESE
Un excéntrico edificio en mitad del verdor del Parco della Favorita (p. 144)

MONTE PELLEGRINO
Senderos silenciosos entre el mar y la montaña (p. 146)

LA PLAYA
Un día de playa con los palermitanos en Mondello (p. 154)

★ IMPRESCINDIBLE

Palazzina Cinese

Desconcertante por el contraste con todo lo que lo rodea, el pabellón de caza de Fernando I de Borbón sumerge al visitante en una fantasía de un exotismo desenfrenado.

PLANO: P. 148 **A2**

QUÉ VER EN LA ZONA
Unos 500 m al sureste del pabellón también merece la pena visitar la **Villa Niscemi,** que ha abierto al público las salas del s. XVIII del 1er piso (el 2° acoge oficinas municipales), además del parque lleno de plantas tropicales y subtropicales.

El exterior

Ya a primera vista, este excéntrico edificio deja con la boca abierta. La construcción, de color melocotón, verde malva y ocre, con una pagoda central y remates de estilo oriental, está formada por una inverosímil combinación de estilos arquitectónicos: los elementos de inspiración exageradamente china se funden con una arcada neoclásica, arcos ojivales de estilo neogótico y dos torrecillas laterales con escaleras helicoidales.

La historia

Tras el primer vistazo se siente enseguida curiosidad por conocer la historia de un lugar tan insólito. El rey Fernando I, llamado "Re Lazzarone" (por la costumbre que se le atribuía de disfrazarse de ladronzuelo napolitano en busca de aventuras amorosas) fue quien creó la gran finca que hoy es el Parco della Favorita para dar rienda libre a su pasión por la caza; en 1799 le encargó a Giuseppe Venanzio Marvuglia la renovación de la casita que acababa de comprarle al barón Lombardo. Marvuglia, que ya se había encargado del diseño del edificio anterior, conservó el estilo, aunque sustituyendo las partes de mampostería por madera y le dio un toque de extravagancia. Como pabellón de caza, el edificio pasó primero a la familia Saboya y luego, al Estado.

El interior

Pinturas y decoraciones de temática china, incluidos signos gráficos que simulan ideogramas, dominan el entresuelo, donde se encuentra el comedor

LAPAS77/SHUTTERSTOCK.COM ©

y el dormitorio del rey, mientras que el piso superior, destinado a la reina, alterna ambientes de *Las mil y una noches* con cuadros neoclásicos y de inspiración pompeyana. En el semisótano se encuentran el salón de baile y las salitas de audiencias. Hay que fijarse en la "mesa matemática", un ingenioso sistema que permitía al rey comer lejos de las miradas indiscretas y que recibía la comida mediante un montacargas.

Museo Etnográfico Siciliano G. Pitrè

Al salir, a la derecha, el Museo Pitrè, fundado en 1909 por el sabio que le da nombre, alberga una excéntrica colección de exvotos, maquetas de carrozas para desfiles religiosos, herramientas antiguas, marionetas, máscaras y mucho más, para contar la historia desde el punto de vista del pueblo y no de los eruditos.

UNA BUENA 'PIZZA'

La ubicación es bonita, pero el motivo por el que La Braciera in Villa es famosa es la masa y la materia prima de sus *pizzas*.

★ IMPRESCINDIBLE

Monte Pellegrino

Con su imponencia y sus empinadas laderas, el promontorio que cierra el golfo de Palermo por el norte añade una pincelada de naturaleza salvaje a la sofisticada imagen de la ciudad que se desprende de la visita al centro histórico. Para los amantes de las grandes vistas, es un lugar sensacional.

PLANO: P. 148 **B2** y **C2**

COMO LLEGAR
El autobús nº 812 comunica Piazza Crispi con el Santuario di Santa Rosalia. Si se quiere subir a pie por la Scala Santa hay que tomar el autobús y bajar en Largo Antonio Sellerio, desde donde sale la ruta. El recorrido es corto, pero en los días calurosos es imprescindible llevar mucha agua.

La montaña

Se podría pensar que Johann Wolfgang von Goethe exageró un poco cuando definió la montaña como "el promontorio más bello del mundo" en su célebre *Viaje a Italia*. Sin embargo, es innegable que este altozano, de más de 600 m de altura, despierta un sentimiento de reverencia desde cualquier punto desde el que se le admire. Durante la visita a Palermo será una presencia silenciosa, pero constante, que con el paso de los días se irá haciendo cada vez más familiar.

Los senderos del parque

Catorce senderos, todos panorámicos y cortos (2 h 30 min el más largo), surcan la montaña, atraviesan arboledas y llegan a puestos antiaéreos de la II Guerra Mundial, resaltando la biodiversidad de la zona y acercándose a las numerosas grutas (como las del Addaura, un extraordinario yacimiento de grabados rupestres). Quienes deseen combinar en un itinerario la comunión con la naturaleza y el valor histórico pueden optar por la **Scala Vecchia,** una subida muy empinada pero en buen estado desde la ciudad hasta el Santuario di Santa Rosalia. La subida también se puede hacer en bicicleta de montaña o eléctrica.

EVGENIY PARILOV/DREAMSTIME.COM ©

Santuario di Santa Rosalia

La razón principal por la que se sube al monte Pellegrino es la visita a la gruta (25 m de profundidad) donde, hacia el año 1170, murió Rosalia Sinibaldi, la venerada santa Rosalía. El descubrimiento de sus restos, en 1624, puso fin a la peste que azotaba Palermo. La historia del milagro, junto con la hagiografía de Rosalía, se narra con todo lujo de detalle en los paneles del exterior del santuario, mientras que el interior, a menudo abarrotado de devotos, destila espiritualidad. Destaca especialmente la escultura del s. XVIII de la santa en éxtasis justo en el momento de expirar (claramente visible por su resplandor dorado) y la de san Benito el Moro (en una capilla lateral), el fraile norteafricano de familia de esclavos, copatrón de Palermo.

UNA PAUSA
Cerca del santuario hay un par de barecitos donde tomar algo. En **Costantino** también se podrá comer.

A
B
C
D
1
2
3
4
5
6
Viale Margherita di Savoia
Via Monte Ercta
Riserva
Naturale Orientata
Monte Pellegrino
Viale Ercole
Palazzina
Cinese
Villa
Niscemi
La Braciera
in Villa
Santuario di
Santa Rosalia
Monte
Pellegrino
Spiaggia
Vergine Maria
Parco
della
Favorita
Teatro
di Verdura
Viale Diana
Via Pietro Bonanno
Cimitero
di Santa
Maria dei
Rotoli
Via Vergine Maria
Arenella
Via Papa Sergio I
Viale del Fante
Viale Ercole
Ippodromo
della
Favorita
Casa
Florio
Via De Gasperi
Via Ausonia
Viale Diana
Via Pietro Bonanno
Via Restivo
Via Imperatore Federico
Via Sadat
Via Rabin
Via Ammiraglio Rizzo
Villa Igiea
Viale Lazio
Viale della Libertà
Árbol de
Borsellino
Via Marchese di Villabianca
Via Sanpolo
Via Regione Siciliana Nord Ovest
Via Principe di Paternò
Via Giuseppe Sciuti
Via Montepellegrino
Via Giusti
Via dei Cantieri
Via Galileo Galilei
Villa Zito
Carcere
dell'Ucciardone
Árbol de
Falcone
Via Giotto
Via Emanuele Notarbartolo
Via Albanese
Via Serradifalco
Via Malaspina
Via Sammartino
Viale della Libertà
Via Lancia Di Brolo
0
1 km

Un homenaje a la lucha antimafia

LUGAR SIMBÓLICO

Esta zona, con edificios y palacios modernos, es mucho menos interesante que el centro histórico desde el punto de vista arquitectónico. Sin embargo, precisamente por su modernidad, puede captar el interés por uno de los fenómenos más dramáticos que han caracterizado las últimas décadas de la ciudad: la lucha contra la mafia. Se han plantado dos árboles en homenaje a los grandes héroes de la ciudad: el **árbol de Falcone** (PLANO: 1 P. 148 **B5**), un magnolio colocado enfrente de su casa y cubierto de banderas de la paz, tarjetas y largas cartas de admiración y gratitud; y el **árbol de Borsellino** (PLANO: 2 P. 148 **C4**), un olivo que conmemora la memoria del magistrado en el lugar donde fue asesinado en Via D'Amelio.

Visitar una poliédrica colección artística

PINACOTECA

PLANO: 3 P. 148 **B5**

Cuatro siglos de pintura que prestan especial atención (aunque no en exclusiva) al arte siciliano esperan al visitante que cruza el umbral de la fascinante **Villa Zito.** El recorrido empieza con la donación de Pippo Rizzo que, entre paladines, cítricos y un retrato de Renato Guttuso ofrece una impresión futurista de la región; continúa con otras dos donaciones no solo pictóricas (hay que fijarse en el cuadro *Nenúfares* de Schifano y la escultura de Mitoraj *Espejo de agua*) y conduce al 1er piso, donde de las obras del s. XVIII, como el *Paisaje con tres figuras* de Salvator Rosa, se llega a la pintura del s. XIX. No hay que perderse a los tres paisajistas más famosos de Sicilia;

HACER DE LA LUCHA CONTRA LA MAFIA UN ESTILO DE VIDA

La oposición a la mafia no solo se expresa en el recuerdo de los mártires. De hecho, muchos palermitanos anónimos se enfrentan a diario a una lucha silenciosa al oponerse al crimen organizado. Al pasear por las calles de la ciudad se verá que en muchos escaparates se muestra el símbolo de *Addiopizzo,* que tiene dos funciones: por una parte es un aviso para los mafiosos de que el comerciante en cuestión no cede a la extorsión y, por otra, recuerda al consumidor que la tienda se ha posicionado en contra de la mafia. Otro lugar cargado de significado es la tienda de **Libera contro le Mafie** (Piazza Castelnuovo, n° 13, en el barrio de Politeama), la asociación que gestiona los bienes confiscados a la mafia. Si se quiere profundizar más sobre el tema, se recomienda contactar con Addiopizzo Travel, un operador turístico que organiza recorridos por Palermo y los alrededores, a Capaci, Cinisi y Corleone.

ZEN: UN PROYECTO TRAICIONADO

Debería haber reproducido en clave moderna el plano de Quattro Canti, conectándose con el centro a través de la prolongación de Via della Libertà. Sin embargo, la elegante avenida nunca se extendió hasta las puertas de la **ZEN,** la **Zona Espansione Nord,** por lo que el barrio obrero creado entre las décadas de 1960 y 1970 en Piana dei Colli se ha convertido en una especie de gueto periférico donde la mafia campa a sus anchas. La idea del proyecto original era crear una zona residencial autónoma, con teatros, espacios de reunión, instalaciones deportivas, escuelas y puestos de trabajo que nunca llegó a llevarse a cabo. De hecho, las casas fueron okupadas antes de que se terminaran los servicios básicos, incluido el alcantarillado. Cuando se escribió esta guía se habían aprobado algunos proyectos para revitalizar la zona, pero el ZEN, rebautizado como barrio de San Filippo Neri, no era un lugar donde aventurarse alegremente.

en primer lugar, el "ladrón del sol", Lojacono; luego Catti, con sus vistas de una Palermo melancólica; y Leto, cuyo cuadro *Pesca del atún* captura la intensidad dramática de la *matanza* (con mucha sangre). Los aficionados a la cartografía, por su parte, encontrarán una exposición de mapas antiguos. En el 2º piso se explora el s. xx, cerrando la visita con la incandescente *Erupción del Etna* (1983) de Guttuso. Si se quiere saber cómo era Giuseppe Tomasi di Lampedusa, se puede buscar el retrato póstumo que le hizo la pintora y galerista palermitana Lia Pasqualino Noto. Y después de tanta pintura, nada mejor que una parada en la cafetería con terraza en el jardín.

Sumergirse en el Parco della Favorita PARQUE

PLANO: 4 P. 148 A2

El parque debe su nombre a Lucía, la noble siracusana de origen español, "favorita" de Fernando I de Borbón. Tras años en que, a la sombra de sus árboles, se veían pasear a "cortesanas" provocativas en busca de clientes en lugar de damas de la corte y nobles aburridas, hoy las avenidas se han vuelto a llenar de palermitanos deportistas que, a pie o en bicicleta, no se privan de respirar aire fresco en el pulmón verde de Palermo. A los pies del monte Pellegrino, el Parco della Favorita es de herencia borbónica. En 1799, cuando Fernando huyó de Nápoles, se inauguró este espacio de 400 Ha creado de la unión de las fincas de varios nobles y utilizado como coto de caza y lugar de recreo de la corte. Se puede ir a visitar el CIS, el Club Ippico Siciliano, la bolera La Favorita, pedalear por los carriles-bici o a caminar hasta la cima del monte Pellegrino por los senderos señalizados (p. 146). También está el estadio **Renzo Barbera.** Incluso para quienes no sean fans del futbol, asistir a un partido de los *rosanero* de Palermo y ver la contagiosa pasión de sus aficionados es todo un espectáculo.

Pasar una noche estival en el teatro

TEATRO AL AIRE LIBRE

PLANO: 5 P. 148 **A3**

En los meses de verano, algunas de las representaciones artísticas más importantes de la ciudad se desarrollan en el **Teatro di Verdura,** un bonito espacio en una villa del s. XIX frente al Parco della Favorita. El lugar es de lo más evocador: se atraviesa la puerta con las esfinges, se pasa junto a los telamones y se llega al jardín, con fuentes, papiros y ninfas. Las propuestas abarcan todas las versiones de las artes escénicas, desde *ballet* a música ligera, pasando por cabaré, dirigidas a un gran número de espectadores (el aforo supera las 2000 personas).

Descubrir el 'liberty' en profundidad a orillas del mar

ARQUITECTURA

Algunos de los edificios más emblemáticos pertenecientes a los legendarios Florio (p. 166) se encuentran en la costa al norte del centro histórico, al lado de la zona del puerto. **Villa Igiea** (PLANO: 6 P. 148 **D4**) fue construida por el mayor representante del *liberty* siciliano, Ernesto Basile. El proyecto inicial preveía la construcción de un sanatorio para las clases pudientes (de ahí el nombre de la diosa de la salud de la mitología griega), pero después, por problemas financieros, el edificio se convirtió en hotel para la alta sociedad de fin de siglo. Más de una centuria después y tras una cuidadosa restauración después de que la comprara el grupo Rocco Forte, la villa está más bonita (y es más cara) que nunca. Quien no tenga la suerte de alojarse en ella podrá echar un vistazo reservando en alguno de sus tres restaurantes: Terrazza Bar Igiea, Ristorante Florio y Alicetta Pool Bar. Más información en la web del hotel.

Apenas 1 km al norte, en los alrededores del Porto dell'Arenella, se encuentra **Casa Florio** (PLANO: 7 P. 148 **D4**). Su origen se remonta al s. XIX, cuando la pudiente familia encargó al arquitecto Giachery la trasformación de una antigua atunera (cerrada a principios del s. XX por el cambio de ruta de los atunes). Hoy destaca por Quattro Pizzi, el palacete cuadrangular neogótico que domina el puerto donde amarran las barquitas de los pescadores.

SUGERENCIAS

Lo mejor para...

Localizaciones en el plano de la **p. 148**

€ Económico €€ Medio €€€ Alto

Comer

Heladerías y pastelerías

La Vela €€
8 D2
Un par de kilómetros al norte de la Arenella, este quiosquito de colores mediterráneos, con muchas mesitas en mitad de la vegetación, prepara uno de los mejores helados de Palermo. Materia prima de primerísima calidad, con pocos sabores pero perfectos. Además, está delante del mar. *Horario continuo lu-sa*

Pasticceria Costa €
9 B5
El local, en los bajos de un edificio de la década de 1960, tiene unos años, pero los lleva estupendamente. Las vitrinas, los espejos y los arrimaderos de madera han sido, desde hace décadas, el ambiente preferido de la Palermo elegante, mientras que los deliciosos *cannoli* y los dulces tradicionales satisfacen los gustos de todos los clientes. También está en Via Maqueda (p. 128) y en el Palermo Marina Yachting (p. 98). *www. pasticceria costa.com; horario continuo lu-sa*

Pasticceria San Michele €€
10 B5
Es una parada muy cómoda en la zona de Notarbartolo a cualquier hora del día. Cuenta con sección de gastronomía, pastelería y heladería y es ideal para tomarse un dulce para desayunar, un almuerzo rápido o algo para picar, dulce o salado, por la tarde o para un *aperitivo* abundante. *www. pasticceriasanmichele. com; horario continuo diario*

Le Cremolate €
11 C5
En una zona de astilleros por donde pasan poquísimos turistas, este enorme local sirve una *cremolata* excepcional. Merece la pena atravesar la ciudad para probar esta variante cremosa de la *granita*. Teniendo en cuenta sus precios, también está bien para un almuerzo rápido. *Horario continuo lu-sa, hasta tarde y noche do*

'Brunches'

Randy's €€
12 A4
Para quienes se despiertan con hambre de lobo y prefieren los desayunos ingleses, este es el sitio ideal: con huevos, torrijas, tortitas o hamburguesas, el *brunch* de este agradable local consigue que el día empiece de la mejor manera posible. *lu y mi-do*

Restaurantes

Sisu €€
13 D3
Una buena opción si se va a dar un paseo por el puerto de la Arenella. Se come, sobre todo, pescado (aunque también es un sitio agradable para el *aperitivo*) en un ambiente elegante y minimalista. La zona de juegos infantiles es un plus para quienes viajan con niños. El servicio es

muy amable. *Cena diario, también almuerzo do*

Beber

Vinos

Prospero

14 A4

Local alejado de los circuitos más concurridos, donde se podrá probar un delicioso vino local (o un cóctel) mientras se escuchan vinilos y se compra un libro de una editorial independiente. También hay un piano, por si se quiere deleitar a los presentes, además de un bonito espacio al aire libre. En conjunto es un sitio digno de mención. *www.prosperopalermo.it; desde el* aperitivo *hasta última hora mi-lu, también mañanas sa y do*

Cócteles

White

15 D4

A menudo abarrotado, no es el tipo de local donde conversar con amigos; de hecho, la música alta molesta a quien no está de humor para fiesta. Como compensación, su ubicación en el puerto de la Arenella es de lo más pintoresca. En general es una opción más que recomendable para un apericena. *Desde el desayuno hasta última hora, diario en verano*

Comprar

Librería

Tantestorie

16 B5

Especializada en literatura infantil, pequeña pero muy acogedora y gestionada por un librero que selecciona personalmente los libros. Organiza encuentros con autores y lecturas de cuentos. Gran ambiente. *lu tarde y ma-sa*

Artesanía

La Fabbrica della Ceramica

17 B4

El estilo de Susanna De Simone es hoy una reconocida marca comercial. De hecho, sus piezas se venden en toda Italia y en el extranjero (también falsificaciones, hay que comprar los originales). Muchísimos colores y un trazo elocuente, alegre y luminoso. *www.lafabbricadellaceramica.it; lu-sa*

Productos gastronómicos

San Lorenzo Mercato

18 A3

En dirección a Sferracavallo, la Riserva Naturale di Capo Gallo y el aeropuerto, es un lugar muy recomendable para los gastrónomos vocacionales y los hambrientos que pasen por allí. Entre las tiendas se verá la pescadería, la carnicería con carnes de pastos italianos, las delicias horneadas de Qcinu (p. 140) e, incluso, platos típicos de Bagheria. Este espacio luminoso en una antigua granja de cítricos es un rincón dedicado a la convivencia, antes que a la cocina o las compras. En verano se organizan actividades al aire libre y en el patio se colocan puestos gastronómicos, como uno de *sushi. www.sanlorenzomercato.it; véase web para horarios de las tiendas, la cafetería suele abrir siempre*

★ MERECE LA PENA

Mar y playa: Mondello y más

Mondello es la playa de los palermitanos; de la burguesía, que desde el s. XIX construyó sus villas, pero también de niños y familias, que en verano frecuentan la localidad situada 5 km al norte de Palazzina Cinese. Sus bonitas playas de arena, finalmente liberadas de las casetas de los *lidos*, se disfrutan desde el paseo marítimo entre palmeras, quioscos y casitas. El mar es bonito, pero si se buscan aguas más profundas hay que ir hasta el Area Marina Protetta Capo Gallo-Isola delle Femmine.

MAR Y CULTURA
Desde 1975 Mondello da nombre a uno de los premios literarios más prestigiosos de Italia. Leer una obra premiada bajo la sombrilla de la playa podría ser especialmente agradable. Si no se tienen suficientes libros hay que dar un salto a la Libreria Sellerio, en el paseo, en Viale Regina Elena, nº 59.

De la Arenella a la Addaura

De las playas de la zona, la **Spiaggia dell'Arenella** es la que está más cerca del centro, va bien para un momento de relax al sol, pero no tanto para quienes buscan aguas cristalinas. Apenas 2 km al norte, la **Spiaggia Vergine Maria** es de arena y al atardecer tiene un encanto lírico, mientras que la de **Addaura** (4 km al norte) atrae a los amantes de las rocas, con bonitas calas y aguas para explorar, así como *lidos* y clubes para pasar la noche frente al mar. Si no se tiene coche hay que tomar el autobús nº 603.

La localidad marítima por excelencia

Mondello surgió de un pantano drenado a finales del s. XIX. Durante un tiempo fue una aldea de pescadores (la torre del fondo es una antigua atunera) y a principios de s. XX se transformó en una localidad balneario de aire *belle époque,* retiro de la alta burguesía. Ciertamente, la bahía de fina arena blanca, que se extiende casi 2 km, es muy bonita. Al llegar al pueblo se baja del autobús nº 806 cerca de los establecimientos más exclusivos, para pasear hasta el Antico Stabilimento Balneare di Mondello, inaugurado en 1913 y diseñado por

ELESI/SHUTTERSTOCK.COM ©

Rudolf Stualker, símbolo *liberty* de la localidad (alberga el restaurante de lujo **Alle Terrazze**). La playa libre y los establecimientos más populares se encuentran en el extremo septentrional, poco antes de la plaza.

Alrededores de Mondello

Si se va en busca de arrecifes y fondos llenos de peces hay que visitar la **Riserva Naturale Orientata di Capo Gallo,** a la que se llega desde el sendero de la Torre di Mondello o desde Sferracavallo. Llegar hasta aquí no solo vale la pena para darse un chapuzón, sino que el paisaje, un compendio de belleza mediterránea, es espectacular en todas las estaciones. En cuanto al baño, en **Sferracavallo** hay arena y rocas mientras que en la **Isola delle Femmine** el litoral es de arena. El origen del nombre de este islote a tan solo unos cientos de metros de la costa es controvertido.

'TRATTORIA' MARINERA

El Angolo di Mondello es famoso por la frescura del pescado y por la amabilidad del personal. Hay que reservar.

Sugerencias de lugares para comer y comprar en **p. 167**

Explora
Al oeste hacia Monreale

Tiempo atrás había exuberantes jardines que se extendían desde la ciudad hacia el oeste, reflejando en la espesura de la naturaleza el deslumbrante esplendor de la cercana Monreale. De aquella exuberancia hoy queda poco, pero los vestigios de los suntuosos edificios en los que los gobernantes normandos disfrutaban del ocio y del fresco, diseminados entre edificios modernos e inmersos en el proverbial tráfico de Palermo, permiten evocar su exótico encanto. También merece la pena ver el barrio de Danisinni, cerca de la Porta Nuova, lugar simbólico de Palermo, con algunas casitas de estilo *liberty* en las aceras salpicadas de palmeras.

Cómo desplazarse

A pie

Danisinni está muy cerca de la Porta Nuova, el paso occidental del centro histórico. A Zisa y las Catacombe dei Cappuccini se llega dando un paseo, no siempre maravilloso, por las calles de la ciudad. Para ir a Monreale es indispensable un medio de transporte.

Autobús

Esta zona la atraviesan las líneas nº 106, 110 y 124. Desde Piazza Indipendenza sale el nº 389 rumbo a Monreale.

Tranvía

Los tranvías nº 2, 3 y 4 recorren Viale Da Vinci, rozando el norte de toda esta zona.

La Porta Nuova vista desde Corso Calatafimi.

LO MEJOR

PALAZZO DELLA ZISA
Delicias árabe-normandas (p. 158)

CATACOMBE DEI CAPPUCCINI
La macabra fascinación de unas catacumbas únicas (p. 160)

DUOMO DI MONREALE
Apoteosis del poder normando en Sicilia (p. 168)

★ IMPRESCINDIBLE

Palazzo della Zisa

El nombre deriva del árabe *Al-aziz,* que significa "la espléndida" y, de hecho, el edificio que se recorta contra el cielo azul de Palermo, majestuoso como una fortaleza inviolable y onírico como un castillo de cuento de hadas, es capaz de despertar sensaciones maravillosas.

PLANO: P. 162 **B3**

GIARDINO DELLA ZISA
Frente al palacio se extiende este jardín atravesado por canales, que imita al **Genoardo** (del árabe *Jannat-al-ard,* "paraíso terrenal"), en el que se divertían los soberanos normandos. Hoy no está muy bien cuidado y los apelativos que suscita son menos grandilocuentes.

La historia

Guillermo I encargó la construcción de una opulenta residencia para sus vacaciones de verano en 1165, con la intención de dejar para la posteridad un palacio que rivalizara con los magníficos edificios legados por sus predecesores. Sin embargo, las obras se prolongaron durante mucho tiempo y no se terminaron hasta el reinado de Guillermo II. Teniendo en cuenta el resultado final, se puede decir que, sin duda, la espera mereció la pena. La Zisa, máxima expresión de la arquitectura fatimí en Sicilia, estaba en origen en el interior del parque real del Genoardo, rodeada de jardines, fuentes y grandes estanques. En el s. XIV llegó la primera transformación, con el añadido de las almenas. En los siglos posteriores, las repetidas intervenciones fueron diluyendo la estética de *Las mil y una noches* de la estructura original. Hoy es sede del Museo de Arte Islámico, que expone utensilios, muebles, biombos y una inscripción de 1149 en cuatro idiomas (hebreo, latín, griego y árabe), prueba de la multiculturalidad de la Palermo medieval.

La arquitectura

La alucinante Sala della Fontana no tiene nada que envidiar a la Alhambra de Granada, mucho

RUDOLF ERNST/DREAMSTIME.COM ©

más famosa. El resto de las salas pueden parecer más modestas, pero la amplitud, en contraste con el exterior, el continuo juego de simetrías en la distribución de los espacios y la elegancia de las decoraciones de mocárabe (los típicos motivos en forma de panal) recuerdan las representaciones más fabulosas del arte islámico. Sin embargo, la magia de los arquitectos destaca más en el plano tecnológico que en el estético: la Zisa cuenta con un sistema de refrigeración y ventilación naturales que nada tiene que envidiar a los aires acondicionados modernos. El palacio está orientado de manera que recibe la brisa marina, que se refresca al pasar por el estanque y las fuentes, y las torres laterales se encargan de que el aire circule por todo el edificio.

AL CASTELLO
Buen bar (PLANO: P. 162 **C3**) con vistas al jardín de la Zisa que ofrece un gran surtido de dulces y los clásicos productos de rosticería siciliana.

★ IMPRESCINDIBLE

Catacombe dei Cappuccini

Todas las clasificaciones del tipo "los diez lugares más terroríficos para visitar" o "las diez colecciones más excéntricas del mundo" incluyen las catacumbas de los capuchinos. Esta especie de cementerio es, de alguna manera, un lugar espiritual y un intenso *memento mori*, y así lo interpretaban los viajeros del *Grand Tour*. Sin embargo, hoy en día se visita porque es macabro y curioso. Teniendo esto en cuenta, no decepcionará.

PLANO: P. 162 **B4**

INSTRUCCIONES PARA EMBALSAMAR

Por si se quiere intentar en casa, este es el método que usaban los capuchinos: vaciaban los cuerpos de las vísceras, los dejaban secar durante un año, los lavaban con vinagre y luego los rellenaban con paja y los vestían con la ropa de moda.

La historia

Señal divina o, tal vez, burla del destino, lo cierto es que fue el azar lo que transformó el cementerio de la iglesia de Santa Maria della Pace en un museo de la muerte. En el s. XVI, la cisterna donde los capuchinos enterraban a sus hermanos estaba casi llena. Se decidió excavar unas catacumbas nuevas y más amplias, pero al ir a trasladar a los muertos se descubrió que casi 50 cadáveres habían permanecido intactos gracias a un proceso de momificación natural. Interpretándolo como voluntad divina, se empezaron a embalsamar a los fallecidos para evitar su descomposición. El primer fraile en encontrar su lugar de reposo eterno en las catacumbas fue fray Silvestro da Gubbio, el 16 de octubre de 1599. Desde entonces, la "colección" fue enriqueciéndose hasta 1881, cuando se impuso por ley el entierro en cementerios. Al principio solo se embalsamaba a miembros de la Iglesia, pero a finales del s. XVIII los capuchinos vieron el negocio y acogieron en sus catacumbas también los restos mortales de los fieles cuyas familias podían permitirse los gastos del embalsamamiento. Actualmente hay 8000 momias.

MARCELCLEMENS/SHUTTERSTOCK.COM ©

La visita

Los visitantes recorren largos pasillos, rodeados por momias completamente vestidas, algunas tumbadas, algunas de pie, separadas en diferentes zonas por sexo y clase social. Dado que la momificación era un proceso caro, que excluía a los más humildes de la conservación eterna, no se verán campesinos ni soldados, sino altivos prelados, burgueses vestidos de fiesta y oficiales con uniformes de gala. Es escalofriante, aunque la riada de visitantes suaviza la inquietante sensación de tener siempre encima las miradas de ultratumba. El punto álgido de los escalofríos llega en la sección de los niños, sobre todo frente a la pequeña Rosalia Lombardo, que parece dormir en su vitrina. Murió en 1920 pero su cuerpo ha permanecido mágicamente intacto.

UNA PAUSA

Si la visión de los cadáveres ha quitado el apetito, se recuperará sin duda en la *trattoria* **Ai Cascinari** (PLANO: P. 162 **D4**), a la que se llega dando un paseo.

A
B
C
D
1
2
3
4
5
6
0
600 m
Viale Leonardo Da Vinci
Via Giovanni Campolo
18
Via Giuseppe La Farina
Via Serradifalco
Via Malaspina
Via Lancia Di Brolo
Via Parlatore
Via Sammartino
Via Principe di Villafranca
Villa Malfitano
12
Via Lafini
Via Dante
13
Villa Virginia
Via Goethe
19
Via Noce
Villino Florio
11
Via Perpignano
Cappella della Santissima Trinità
La Vicaria
9
Corso Finocchiaro Aprile
15
Cantieri Culturali alla Zisa
8
7
Giardino della Zisa
Via Imera
Al Castello
Palazzo della Zisa
Ai Cascinari
Via degli Emiri
Via Zisa
Via D'Ossuna
Corso Alberto Amedeo
Via Libero Grassi
Via Eugenio L'Emiro
Via Colonna Rotta
Via Cipressi
Via Imera
Catacombe dei Cappuccini
Danisinni
2
16
14
Via Regione Siciliana Nord Ovest
Via Giuseppe Pitrè
Via Cappuccini
Albergo delle Povere
3
PiccoloTeatro Patafisico
10
Parco d'Orleans
1
Necrópolis púnica
4
5
La Cuba
Via Gaetano La Loggia
Corso Calatafimi
Corso Pisani
Viale delle Scienze
Via Piave
Monreale 3 km
Via Catalano
Via Ernesto Basile
17
Parco Ninni Cassarà
Via Cirisafulli
Parco Villa Tasca
6

EXPERIENCIAS

Llevar a los niños a ver animales

PARQUE

PLANO: 1 P. 162 **D5**

Si los niños resoplan ante la idea de visitar el Palazzo Reale (p. 40) se puede intentar convencerles diciéndoles que a solo 5 min de allí se encuentra el **Parco d'Orleans,** donde se ven flamencos, cervatillos, loros y pelícanos. Suele funcionar. También hay infinidad de plantas y árboles.

Buscar un oasis verde en mitad del cemento

BARRIO

PLANO: 2 P. 162 **C4**

Encontrar el verde de **Danisinni** (véase recuadro) entre las caóticas calles detrás de la Porta Nuova es tan emocionante como ver un oasis en mitad del desierto. Es increíble descubrir cómo la naturaleza se impone al cemento en la granja urbana creada por Fra Mauro y sus colaboradores, aprovechando las características hidrogeológicas del lugar. El barrio, de hecho, se encuentra en una depresión natural del terreno, una especie de cuenca atravesada por el río Papireto (que discurre subterráneo a pocos metros bajo el suelo). Según cuenta la leyenda, aquí el torrente se unía con el Nilo (prueba irrefutable de ello sería el hecho de que a orillas del Papireto crecía espontáneamente el auténtico papiro egipcio, del que se obtenía el papel) y, gracias a las tecnologías de los árabes, fue posible convertir la zona en un lugar fértil y próspero. Hoy Danisinni vuelve a ser un oasis verde, donde se cultivan hortalizas y se crían animales y el contraste con los altos edificios que lo rodean ofrece una experiencia algo desconcertante. Para visitar la granja (que puede ser una práctica parada entre la catedral y la Zisa, a la que se llega

DANISINNI, UN PROYECTO SOCIAL DE ÉXITO

Cerca de la Porta Nuova (p. 50), pero a años luz del ruido del tráfico del cercano Corso Calatafimi y del ir y venir de los transeúntes del centro histórico, el barrio de Danisinni era, hasta hace pocos años, uno de los rincones más desfavorecidos y tristes de Palermo. Hoy, por el contrario, gracias a la gran cantidad de iniciativas puestas en marcha por diversas asociaciones y por la parroquia de Sant'Agnese, se ha convertido en símbolo de la renovación de la ciudad, de la lucha por un futuro mejor y de la esperanza en un ideal de vida comunitaria. El proyecto Rambla Papireto (2017), respaldado por la Accademia di Belle Arti, ha usado el arte callejero para convertir un grupo de casuchas, en su mayoría ilegales, en espacios donde perseguir la belleza. Para más información sobre los proyectos en marcha en Danisinni, hay que consultar *www.danisinni.it,* mientras que para alojarse en las habitaciones habilitadas para turistas y organizar una visita guiada hay que buscar en *www.wonderfulitaly.eu.*

por una antigua escalera) hay que recorrer Via Danisinni y, al llegar a la plaza, entrar por la puerta que hay a la izquierda de la pequeña iglesia. No hay indicaciones, pero si no se consigue encontrar la entrada, cualquier vecino estará encantado de ayudar.

Descubrir una historia edificante

EDIFICIO HISTÓRICO/ ESPACIO DE EXPOSICIONES

PLANO: 3 P. 162 C5

No es fácil descifrar a primera vista la función original de este majestuoso edificio, con agradables espacios porticados en el interior y un patio central al que da la iglesia barroca de Santa Maria della Purificazione. El complejo de estilo tardobarroco del **Albergo delle Povere** fue encargado por Carlos III de Borbón para dar cobijo a los indigentes. Las obras empezaron en 1744 y no terminaron hasta 90 años después (pero se empezó a ofrecer alojamiento a los pobres antes de que se terminara). Después, el albergue se destinó a las mujeres, como atestigua la inscripción "R. Albergo delle Povere" que figura en la parte superior de la fachada.

Solo una parte del complejo abre al público durante las exposiciones.

Profundizar en los orígenes más remotos de la ciudad

YACIMIENTO ARQUEOLÓGICO

PLANO: 4 P. 162 C5

Las obras de construcción del Albergo dei Poveri sacaron a la luz vestigios de enterramientos antiguos que permitieron descubrir toda una ciudad de los muertos de época fenicia. En esta **necrópolis púnica** se encontraron casi 150 tumbas de diferentes tipos: algunas son urnas, otras sarcófagos o auténticas cámaras subterráneas y contienen algunos ajuares funerarios y esqueletos que luchan contra el paso del tiempo. La caserna de los Carabinieri vigila el yacimiento.

Evocar el paraíso en la tierra

YACIMIENTO ÁRABE-NORMANDO

PLANO: 5 P. 162 C5

Al igual que la Zisa, el pesado paralelepípedo de la **Cuba** se encontraba en el "paraíso terrenal" del Genoardo, aunque hoy ya no queda más que un puñado de esbeltos árboles que ofrecen un poco de sombra al pabellón de las delicias construido por Guillermo II en 1180. De las decoraciones que adornaban el interior se conservan algunas esquinas con mocárabes, por lo que el edificio parece más una fortaleza que un palacio para el entretenimiento de la corte.

El cualquier caso, merece la pena visitarla, sobre todo para dejarse llevar por el silencio de un lugar rico en historia y tachar otro ítem más de la lista del patrimonio de la ciudad de herencia árabe-normanda. Tras la entrada, unos paneles explican la historia del lugar y el controvertido origen del nombre (entre las hipótesis prevalece la del significado de "casa cuadrada"). Una curiosidad: aquí se desarrolla un cuento del *Decamerón*, el 6 de la quinta jornada.

Una pausa verde PARQUE

PLANO: 6 P. 162 **A6**

Las 6 Ha de vegetación del **Parco Villa Tasca** permiten sumergirse en el silencio entre dos grandes arterias de tráfico, Corso Calatafimi y Viale Regione Siciliana. Si se va de camino a Monreale y, sobre todo, si se viaja con niños, puede ser una agradable parada para estirar las piernas en el césped. De lo contrario, hay que tener en cuenta que el parque está alejado del centro histórico y que la parte más bonita, la villa con sus jardines sigue siendo privada (abre solo en raras ocasiones).

Fotografiar el Palazzo della Zisa desde una nueva perspectiva LUGAR DE CULTO

PLANO: 7 P. 162 **B3**

La **Cappella della Santissima Trinità** era el espacio dedicado al culto de la Zisa, al que, en su día, se podía acceder directamente desde el palacio gracias a un pasaje cubierto y que contaba con un espacio reservado a los soberanos para que pudieran asistir a misa sin mezclarse con el resto de los fieles. Su sobria arquitectura hoy queda integrada en una iglesia del s. XVIII y merece la pena verla porque ofrece una perspectiva distinta del suntuoso palacio y permite subir a la cúpula de estilo árabe que la corona.

TEATROS DE BARRIO

La Vicaria

PLANO: 9 P. 162 **B3**

Un taller un poco anárquico y un escenario donde ver ensayos y representaciones. Emma Dante, conocida dramaturga y directora palermitana, no ha renunciado a su "hogar" teatral.

Piccolo Teatro Patafisico

PLANO: 10 P. 162 **A5**

Fundado en el 2010 por Rossella Pizzuto y Laura Scavuzzo, redescubre la filosofía de Alfred Jarry: la patafísica es la "ciencia de las soluciones imaginarias". El sitio ideal para amantes del *underground* ligero.

Seguir los proyectos más dinámicos de la ciudad EXPOSICIONES, ACTOS CULTURALES

PLANO: 8 P. 162 **B3**

Muy cerca del Palazzo della Zisa, las naves industriales de una antigua fábrica rehabilitada acogen hoy los **Cantieri Culturali alla Zisa,** 32 espacios muy diferentes, pero que tienen en común un coeficiente de creatividad superior a la media: entre otros, se encontrará el **ZAC-Zisa Arti Contemporanee** y otros locales dedicados a exposiciones temporales, el **Centro Internazionale di Fotografia,** el cine **De Seta,** espacios dedicados a talleres de cine y teatro e instituciones culturales del fuste del

LA FAMILIA MÁS FAMOSA DE LA CIUDAD

Para Palermo, los Florio fueron siempre sinónimo de la *belle époque,* del *liberty,* de una época ilustrada y dinámica. La familia tuvo varios miembros ilustres: Vincenzo Florio fue quien generó el mito de la familia. Llegó a Palermo desde Calabria a principios del s. XIX y puso en marcha varios negocios, entre ellos la producción de Marsala y el de armador, antes de convertirse en senador. Su hijo, Vincenzo Florio Jr., creador de la Targa Florio (una de las primeras carreras de coches); Ignazio Florio, también senador, que compró la isla de Favignana e hizo instalar una almadraba donde fue el primero en utilizar la conservación en aceite. Ignazio Florio Jr., el empresario del Teatro Massimo, que trajo a la ciudad a un jovencísimo Caruso. Y su esposa, Franca Florio, cantante venerada internacionalmente, objeto de un famoso retrato de Giovanni Boldini. Si se desea profundizar en el tema, se hallará una apasionante narración de la epopeya de los Florio en la novela histórica *Los leones de Sicilia,* de Stefania Auci.

Goethe-Institut. Aunque no se tenga ningún motivo en particular para visitarlo, es un sitio agradable para curiosear.

Esplendor 'liberty' entre modernos edificios PALAZZI

El esplendor de la Palermo de finales del s. XIX a principios del s. XX dejó varias huellas que aún pueden verse en esta parte de la ciudad. El **Villino Florio** (PLANO: 11 P. 162 C3), construido entre 1899 y 1902 por Ernesto Basile para Vincenzo Florio y dañado por un incendio en 1962, parece desde fuera un castillo de cuento de hadas. En el interior, dejan con la boca abierta los ambientes eclécticos y los detalles sofisticados, como los papeles pintados con motivos florales que se repiten en las incrustaciones del techo de madera. También es bonito el jardín que lo rodea.

Hacia el norte, a unos cientos de metros, **Villa Malfitano** (PLANO: 12 P. 162 B2) es la materialización del encuentro entre los ideales arquitectónicos de la época y la inmensa riqueza de una acaudalada dinastía de emprendedores ingleses. Esta villa, rodeada por 9 Ha de plantas exóticas y raras, conserva el mobiliario original gracias a los esfuerzos de la Fundación Whitaker. Se podrá admirar la Sala de Verano, decorada con un trampantojo que representa un invernadero, grullas de bronce y elefantes *cloisonné* procedentes del palacio de Verano de Beijing.

Por último, destaca la **Villa Virginia** (PLANO: 13 P. 162 C2). Aquí tampoco se escatima en maravillas y, entre elegantes escaleras de roble y vidrieras con decoraciones florales y gigantescas lámparas de hierro forjado, todos y cada uno de los detalles disputan la atención del visitante. El comedor es de lo más interesante, con paisajes pintados por la japonesa Otama Kiyohara.

Lo mejor para...

Localizaciones en el plano de la **p. 162**

€ Económico €€ Medio €€€ Alto

Comer

Comida callejera

Sfrigola €
14 D4
Justo al salir por la Porta Nuova, prepara y fríe al momento espectaculares *arancine,* tiernas por dentro y crujientes por fuera. Hay una treintena de variedades para escoger. Los más moderados pueden optar por la versión al horno. *Diario*

Nino u' Ballerino €
15 D3
Empezó con un pequeño puesto y ahora tiene un local lleno de neones con un letrero luminoso: Nino, diminutivo de Antonino Buffa, descendiente de una histórica familia de *meusari* (vendedores ambulantes, en activo desde 1802), ha modernizado el oficio gracias a su costumbre de bailar (de ahí su apodo) durante la *conzatura,* es decir, mientras rellena el bocadillo. *www.ninouballerino.it; horario continuado diario*

Pastelerías

Pasticceria Cappello €
16 D4
Desde 1940 es uno de los templos de la pastelería siciliana, una maravilla de *cassatine, frutta martorana* y todos los pasteles y dulces que se puedan desear, incluida la moderna Torta Setteveli, una delicia de chocolate. También venden conservas, mermeladas y mieles. Tiene otro local en Via Garzilli, nº 19, en la zona de Libertà. *www.pasticceria cappello.it; mi cerrado*

Pasticceria Accardi €
17 D6
Pastelería multipremiada que ofrece delicias de todo tipo, como tartas de colores, un poco *kitsch* pero exquisitas, e inventos como el *panettone* con masa de *plumcake* o la *cassata arancio in fiore.* También cuenta con una sección de gastronomía salada. *www.accardi pasticceria.com; diario*

Oscar 1965 €
18 A1
El negocio es histórico, pero el esplendor de los escaparates y el enorme letrero le dan el aspecto de una nave espacial de *La guerra de las galaxias.* Gran pastelería y *arancine* deliciosas. *www.oscar 1965.com; diario*

Comprar

Gastronomía

Cuoche combattenti
19 D3
Un bonito proyecto de emprendimiento social. El objetivo es ayudar a mujeres víctimas de violencia mediante la venta de exquisitos pestos de berenjena, confituras de cebolla roja, mermeladas y conservas. El logotipo, que transforma el rodillo de cocina en un arma de liberación, y los mensajes contra la violencia de sus etiquetas, son muy elocuentes. *www.cuoche combattenti.com; horario continuado lu-vi*

★ MERECE LA PENA

Duomo di Monreale

En pocas palabras y sin exageración, este es uno de los legados más importantes del arte mundial de todos los tiempos. Pero, sobre todo, este maravilloso monumento, que pertenece al patrimonio árabe-normando reconocido por la Unesco, es un lugar capaz de regalar una experiencia sensorial extraordinaria gracias a sus mosaicos.

PARA SABER MÁS SOBRE EL BARROCO

Desde el transepto norte, donde quedan restos de los suelos originales en mármol con incrustaciones de mosaico, se accede a la **Cappella Roano,** un anexo de finales del s. XVII, con decoraciones de mármoles *mischi* y un crucifijo del s. XV.

La historia

En la segunda mitad del s. XII, el poder normando estaba en pleno apogeo. En el año 1172, Guillermo II decidió dejar una muestra de la fuerza de su dinastía y de la fe cristiana, encargando la construcción de una enorme abadía benedictina, futuro lugar de enterramiento de la estirpe real. Siglos después, tras diversas renovaciones e incendios, del amplio complejo monástico rodeado de murallas quedan solo el Duomo, consagrado en el 1276, y el claustro, pero son más que suficientes para dejar sin aliento.

Los mosaicos

El resplandor del oro que deslumbra al visitante es impactante: más de 6300 m² de superficie cubierta, con un programa iconográfico de gran complejidad y coherencia estilística, que parece converger hacia el icono del Cristo Pantocrátor, en lo alto del ábside central. Los mosaicos, caracterizados por su extraordinario dinamismo, cuentan a través de las imágenes (que sirven también para la evangelización del pueblo) las historias del Antiguo Testamento en las paredes de la nave central y del Nuevo Testamento en las naves laterales. Los ábsides laterales están dedicados a los santos Pedro y Pablo, mientras que alrededor de Cristo se concentra la corte celestial, con ángeles, arcángeles, pro-

JAN OHRSTROM/SHUTTERSTOCK.COM ©

fetas y la Virgen en el centro, porque la iglesia está consagrada a ella. Guillermo II aparece inmortalizado en dos escenas: mientras recibe la corona de Cristo (a la izquierda del transepto, encima del trono real, junto al órgano) y en el momento de presentar una réplica de la iglesia a santa María (encima del trono del arzobispo).

Museo y claustro

Al comprar la entrada completa se podrá visitar también el Museo Diocesano, con valiosos lienzos de Pietro Novelli y Gioacchino Martorana, y la capilla barroca del Santísimo Sacramento (a la que se accede desde el ala norte del transepto), además de poder subir a las terrazas para dejar volar la mirada hasta el mar. Y luego está el claustro, cuyos capiteles decorados concentran el imaginario más fantasioso de la Edad Media.

UNA PAUSA
Muy cerca, **Bricco e Bacco** es muy famoso por su selección de carnes de todo el mundo. Los primeros platos también están ricos.

FERDINANDO III ET M. CAROLINAE REGINAE
PIISSIMIS CLEMENTISSIMIS
INTER AMORES ET VOTA SICILIAE
QUA PIETATE POTEST MAXIMA ET ANIMO
VICTO PER MAGNIS BENEFICIIS OMNIA
VOLENS LUBENS DOMINIS TAM SUAVIBUS
BONA E COELO EXPETENS
PALATINUS CLERUS KAL. FEB. AN. MDCCC
SANCTVS PETRVS

Guía práctica

Cappella Palatina, Palacio Real (**p. 40****).**

Viajar en familia

Palermo es un lugar fantástico para viajar con niños. Hay infinidad de sitios donde los más pequeños disfrutarán, el ambiente es alegre y la gente, muy acogedora.

La cultura siciliana

Aunque Palermo sea una ciudad complicada, la presunta falta de hospitalidad para quienes viajan con niños no tiene fundamento. En todas partes a los pequeños se los recibe con una sonrisa y mucha amabilidad, y sus ocurrencias se celebran con alegría.

Comida callejera

Comer en la calle es muy divertido, algo que los niños suelen preferir a las largas esperas en *trattorie* y restaurantes. Incluso en cuanto a sabores, las *arancine* suelen gustar a todo el mundo, por no hablar de la gran variedad de dulces con los que sobornar a los pequeños: de *cassate* a *cannoli,* la lista de manjares es enorme. En los restaurantes no está demasiado extendida la posibilidad de pedir medias raciones, pero en casi todas partes se ofrecerá una sencilla pasta en lugar de los platos más elaborados de la carta.

Playas

En el centro de Palermo no hay, pero basta alejarse unos kilómetros para encontrar alguna.

PRECAUCIONES

En las zonas del centro de la ciudad es habitual el consumo de drogas. En la mayor parte de los casos no se corre ningún riesgo, pero hay que estar atentos para evitar que los niños vean escenas desagradables.

Parques

En el centro histórico y en sus inmediaciones hay muchas zonas verdes, a menudo con árboles exóticos y animales. Abundan las ocasiones para entretener a los niños.

Descuentos

En casi todos los museos y galerías los niños pagan entrada reducida (o entran gratis, en función de la edad).

Alojamiento

En Palermo hay alojamientos para todos los gustos, aunque los precios van en aumento.

Si te gusta...

Para amantes de la tranquilidad

Politeama (p. 131) Justo al lado del centro histórico pero en una zona tranquila y ordenada, resulta muy práctico. Además, hay muchos sitios buenos para comer.

IMPRESCINDIBLE

Nos encanta...

Kalsa (p. 57)

Sobre todo por la abundancia de bares y locales para tomar algo por la noche, pero también es un barrio maravilloso desde el punto de vista cultural, lleno de edificios refinados, acariciado por la brisa marina del paseo marítimo, con algún que otro parque y restaurantes de todo tipo.

Una estancia junto al mar

Vucciria (p. 93) Para disfrutar del privilegio de pasear hasta la Cala o el Molo Trapezoidale al levantarse o antes de ir a dormir.

CUÁNTO CUESTA

Hotel-*boutique*
200 €

B&B
100 €

Albergue
30 €

Palacios nobiliarios y edificios melancólicos

Albergheria (p. 35) Para amantes de ambientes decadentes y melancólicos. El gran número de palacios elegantes y medio en ruinas del barrio los harán disfrutar como niños.

Aire fresco

Monreale (p. 157)

A dos pasos de la ciudad y a no más de 300 m sobre el nivel del mar, lo suficiente para disfrutar de un aire más fresco en las noches de verano.

Darse un baño

Mondello (p. 143)

Si se quiere pasar la mañana dedicada a la visita cultural y descansar por la tarde en la playa, es la solución más cómoda para una escapada de playa.

Comida, bebida y fiesta

Alergias e intolerancias

La mayor parte de los restaurantes están preparados para servir a clientes con intolerancias o alergias.

Restaurantes vegetarianos

Los restaurantes específicamente dedicados a los vegetarianos son pocos, pero en compensación no es nada difícil encontrar *trattorie* o restaurantes que sirvan platos sin carne o pescado, desde una *parmigiana di melanzane* a una pasta con *tenerumi* (una especie de calabacín alargado), la tradición siciliana ofrece muchas recetas aptas para vegetarianos. Los veganos se encontrarán con la costumbre de añadir un poco de ricota salado o *pecorino* rallado en muchas verduras.

Restaurantes sin gluten

Es bastante más difícil, aunque el número de restaurantes que ofrecen propuestas para celíacos no deja de crecer.

RESTAURANTES 'GOURMET'
Los amantes de la alta gastronomía se lo pasarán bien. En Palermo hay restaurantes y locales que siguen el ideal de una cocina creativa y llena de ingenio.

INFLUENCIAS ÉTNICAS

Durante su historia, Palermo ha vivido la presencia de árabes, normandos y españoles, y aún hoy hay comunidades africanas, por lo que no debe sorprender que la cocina de la ciudad esté salpicada por numerosas influencias.

Aviso para quisquillosos

Comer en uno de los mercados palermitanos o en los puestos de comida callejera que hay un poco por todas partes es una experiencia imprescindible en un viaje a Palermo. Sin embargo, para vivirla plenamente es necesario estar dispuesto a tolerar unos estándares de higiene no muy altos. Pero no hay que sufrir, porque la salud no corre peligro. Todo está frito, tostado o cocinado a altas temperaturas.

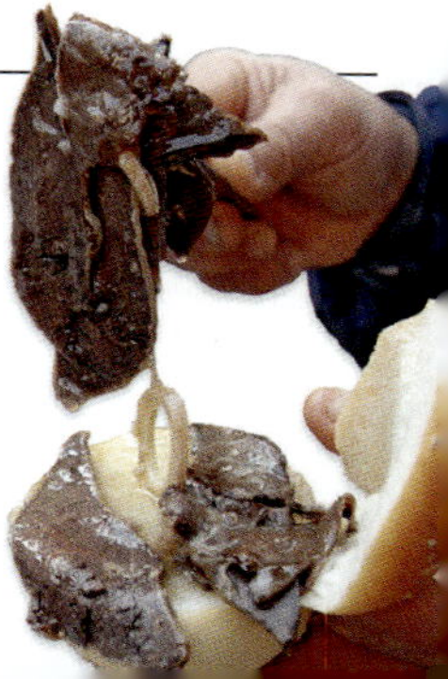

PRECIOS

Corresponden a una comida de dos platos con postre o guarnición

€ menos de 20 €
€€ 20-40 €
€€€ más de 40 €

HORARIOS

Restaurantes
12.30-15.00 y 19.30-22.30

Bares
Desde 18.00

Vida nocturna

Cervecerías Hay desde típicos *pubs*, en honor de la gran representación británica en la Palermo del siglo pasado, a cervecerías artesanales, cuyo número está en aumento constante, sobre todo en el centro histórico.

Bodegas Sicilia tiene una gran tradición vinícola y hay varios lugares que se esfuerzan en dar valor a este patrimonio, a menudo con ofertas de vinos biológicos y naturales.

Coctelerías También en este caso lo más difícil será escoger local. La clientela joven y exigente y el gran número de turistas internacionales han contribuido al nacimiento de locales donde probar cócteles clásicos o creativos.

Quioscos Por toda la ciudad hay pequeños quioscos al aire libre que sirven cervezas y otras bebidas que se toman sentados en mesas de plástico gozando de la brisa marina.

Para pasar una noche inolvidable en la ciudad, en realidad, no se necesita nada más.

CUÁNTO CUESTA

café
1,20 €

cerveza
4 €

copa de vino
6 €

cóctel
8 €

arancina
2,50 €

pizza
8 €

pani ca meusa
3 €

panino
4 €

IZDA.: FVPHOTOGRAPHY/SHUTTERSTOCK.COM ©;
ARRIBA: GIANLUCA RAUCCI/SHUTTERSTOCK.COM ©

Turismo responsable

Aquí se aportan sugerencias para apoyar a las empresas locales y para tener el mínimo impacto posible en el medio ambiente.

Moverse a pie

Teniendo en cuenta las pequeñas dimensiones del centro histórico de Palermo se podrá ir a pie a casi todos sitios; así se contribuye a la reducción del tráfico en la ciudad y, además, se quemarán las calorías sumadas por la comida callejera.

Usar el transporte público

Los lugares de interés situados fuera del centro histórico están conectados por la red de transporte público. Para ir a Monreale, Mondello, el monte Pellegrino o el Parco della Favorita no hace falta vehículo privado.

IMPRESCINDIBLE

Bicicleta

Aunque la red de carriles-bici no está muy desarrollada, Palermo se puede explorar perfectamente en bici. Pedalear mientras se escucha el sonido del mar es una maravilla.

Artesanía local

En el centro de Palermo hay muchas tiendas de baratijas turísticas, imanes y postales, pero también las hay que venden bellas piezas de artesanía, desde cerámica a marionetas tradicionales, prendas de vestir, objetos de diseño, joyas o peletería. Si se compra productos artesanales y no recuerdos de fabricación industrial se ayudará a mantener la economía local.

Recursos

- **www.turismoeticosicilia.com** Recorridos éticos para descubrir Palermo.
- **www.festivalitaca.net** El festival del turismo responsable.

BEBER DE LAS FUENTES

En el centro histórico de Palermo hay varias fuentes, por lo que se recomienda llevar una cantimplora o botella y evitar la compra de plástico de un solo uso.

El problema del sobreturismo

En los últimos años, el turismo en Palermo ha aumentado vertiginosamente y, con ello, la oferta de alojamiento que han restado viviendas del mercado del alquiler de larga duración. La cuestión empieza a ser un problema y diversas asociaciones lamentan la progresiva pérdida de residentes y la desaparición del ambiente auténtico de la ciudad. Aunque la situación de Palermo está a años luz de la de Florencia, Siena o Venecia, no cabe duda de que dormir en un hotel en lugar de en un apartamento podrá contribuir a ralentizar el fenómeno.

El cambio climático y los viajes

Es imposible ignorar el impacto de nuestros viajes y la importancia de hacer cambios. Lonely Planet anima a todos los viajeros a involucrarse en su huella de carbono. Muchas webs de líneas aéreas y sitios de reservas ofrecen la opción de compensar el impacto de los gases de efecto invernadero realizando donaciones para iniciativas respetuosas con el clima en todo el mundo.

Existen muchas calculadoras de carbono en línea que permiten a los viajeros estimar las emisiones de carbono generadas por sus viajes; se recomienda probar **resurgence.org** usando este código QR.

LIBERA

Nacida en 1995 para promover las leyes en contra de las mafias, gestiona, entre otras muchas cosas E!State Liberi!, campamentos de verano para voluntarios que quieren participar en la actividad de revalorización de los recursos confiscados a la mafia. En su página de Facebook *(www.facebook/estateliberi)* se puede seguir la información actualizada.

Accesibilidad

Las calles

Los callejones adoquinados, el tráfico, las aceras bloqueadas o los ascensores estrechos complican la vida tanto a las personas que van en silla de ruedas como a las personas con discapacidad visual o auditiva. Palermo no es una ciudad muy accesible desde el punto de vista de la movilidad.

Dónde dormir

Muchos apartamentos y alojamientos del centro histórico están en antiguos palacios que no tienen ascensor. Sin embargo, en la mayor parte de los edificios modernos las habitaciones y los servicios son accesibles para personas con discapacidad.

IMPRESCINDIBLE

El nuevo **Molo Trapezoidale** es llano, uniforme y con rampas que permiten los desplazamientos de las personas con discapacidad. Teniendo en cuenta que desde allí se puede seguir directamente hacia la **Cala** y continuar hasta el **Foro Italico,** resulta un bonito paseo sin barreras arquitectónicas ni obstáculos de otro tipo.

RESERVAS

Bookingbility *(it.bookingbility.com)* es una *startup* nacida en Palermo que permite reservar a través de su web en alojamientos adaptados para discapacitados, en Sicilia y el resto de Italia.

Alquiler de automóvil

Hace poco se ha activado el servicio "Next to this ability", que permite el alquiler de coches preparadas para personas con discapacidad. Se reserva en la web de SRC Rent Car *(www.sicilyrentcar.it)*.

PALERMO ACCESSIBILE

En **Palermo Welcome** *(www.turismo.palermo.it)* hay una sección dedicada al turismo accesible, con listados de sitios turísticos y alojamientos divididas según las necesidades de cada viajero.

Recursos

- **Disabili.com** Para ponerse en contacto con agencias especializadas en viajes para discapacitados.

Comunidad LGTBIQ+

Palermo no es Londres en cuanto a oferta de espacios para la comunidad LGTBIQ+, pero está aprendiendo a ser una ciudad acogedora.

Bares

Palermo es la capital de una región que, desde el punto de vista de la apertura a la comunidad LGTBIQ+, aún le queda bastante por trabajar. Sin embargo, ya ha avanzado mucho y de manera bastante rápida.

Exit Drink Desde 1996, es uno de los lugares de referencia para la comunidad LGTBIQ+ de Palermo. Si se quiere conocer gente, es el sitio ideal.

Caterina Pub También llamado Laguna Blu, frecuentado, sobre todo, por lesbianas.

Cha Salón de té gay-*friendly* que, además de servir pasteles deliciosos, organiza agradables encuentros literarios.

IMPRESCINDIBLE

I Love Tuesday
Noche gay organizada todos los martes hasta última hora de la noche. Hay que seguir en Instagram *@i-love-tuesday.*

IZDA.: COLORSCURVES/DREAMSTIME.COM ©; DCHA.: TAMA2U/SHUTTERSTOCK.COM ©

TIENDAS SOLIDARIAS

Quir (p. 55) Esta peletería está gestionada por Massimona, la trans Massimo Milani, referente por su lucha para proteger los derechos de la comunidad.

ARCI GAY PALERMO

Tiene la sede junto a las Officine Arcobaleno (Via della Rosa Alla Gioiamia n.°2/4): es un espacio multifuncional, lugar de referencia de la comunidad LGTBIQ+.

Recursos

- **Gayly Planet** *wearegaylyplanet.com* El blog de viajes de Daniele y Luigi resulta muy útil. Tan solo hay que escribir Palermo en el motor de busca y se tendrá acceso a un listado de locales *gay-friendly.*

Índice

Puntos de interés p. 000
Págs. de los planos **p. 000**

Véase también los subíndices:
Comer p. 182
Beber p. 183
Comprar p. 183

Comer

Beber

Comprar

La opinión del lector

Nos encanta escuchar a los viajeros, ya que con sus comentarios nos ayudan a mejorar nuestros libros. Podéis escribirnos a lonelyplanet.com/contact; leemos todos los mensajes y garantizamos que estos lleguen a los autores.

Nota: Es posible que algunos fragmentos de estos mensajes aparezcan en nuevas ediciones de las guías Lonely Planet, en la web o en productos digitales. Si preferís que vuestro contenido o nombre no sean publicados, por favor, indicadlo claramente. Para obtener una copia de nuestra política de privacidad, podéis visitar lonelyplanet.com/legal.

geoPlaneta
Av. Diagonal 662-664, 08034 Barcelona
www.geoplaneta.com – www.lonelyplanet.es

Lonely Planet Global Limited
Lonely Planet Global Limited, Digital Depot,
The Digital Hub, Dublín D08 TCV4, Irlanda
www.lonelyplanet.com
Contacta con Lonely Planet en: lonelyplanet.com/contact

Palermo de cerca
1ª edición en español – enero del 2026
Traducción de *Pocket Palermo*, 5ª edición – mayo del 2025

Editorial Planeta, S.A.
Av. Diagonal 662-664, 7º. 08034 Barcelona (España)
Con la autorización para la edición en español de Lonely Planet Global Limited, Digital Depot,
The Digital Hub, Dublín, D08 TCV4, Irlanda

ISBN: 978-84-08-30709-9
Depósito legal: B. 10.158-2025
Impresión y encuadernación: Unigraf
Printed in Spain – Impreso en España